BASTEI
LÜBBE

KARLHEINZ SCHÜSSLER

Märchen und Erzählungen

der Alten Ägypter

BASTEI
LÜBBE

BASTEI-LÜBBE-TASCHENBUCH
Band 60 017

1. Auflage 1980
2. Auflage 1985

Originalausgabe

Printed in Western Germany 1985
Einbandgestaltung: Rolf Seul
Titelfoto: K. Schüssler (Grab des Menena in
Schech Abd el-Kurna, Theben West, Grab Nr. 96)
Gesamtherstellung: Ebner Ulm
ISBN 3-404-60017-7

Der Preis dieses Bandes versteht sich einschließlich
der gesetzlichen Mehrwertsteuer

INHALT

Vorwort

Wer kennt nicht das erste der Sieben Weltwunder, jene gigantischen Pyramiden der Pharaonen Cheops, Chephren und Mykerinos! Und wer weiß etwa nichts von dem gewaltigsten aller Tempel, dem Amun-Tempel in Karnak! Geradezu ungeheuer sind jene Bauwerke der Alten Ägypter, die wir noch heute staunend betrachten. Die Künstler – Steinmetzen, Bildhauer, Vorzeichner, Maler – haben Wunderbares hervorgebracht, das jeder Ägyptenreisende in bleibender Erinnerung bewahrt. Um wieviel sorgfältiger muß da gar ein Planer, ein Architekt, ein Bauzeichner gearbeitet haben, um diese formvollendeten Kunstwerke zu schaffen!

Wir wissen von den ägyptischen Wissenschaften, der Mathematik, wissen, nach welchen mathematischen Regeln sich die Winkel und Diagonalen der Pyramiden errechnen. Wir haben Kunde von dem hochentwickelten Stand der Medizin, kennen die verschiedensten Instrumente und sehen die Erfolge der Mumifizierungskunst.

Doch was wissen wir von der Kunst der Dichtung, Sprache, der Literatur? So gut wie nichts! Jene Monumentalbauten können wir täglich wahrnehmen, diese jedoch ist ungreifbar, ist doch für den Laien die Barriere der Hieroglyphenschrift schier unüberwindbar. Wie meisterhaft es die Ägypter verstanden, Märchen und Berichte aus dem Pharaonenland zu erzählen und stilistisch auszufeilen, soll die vorliegende Auswahl zeigen.

Die Übersetzung der Originalwerke erfolgte so wörtlich wie möglich. Dabei wurde auch Wert auf die Beibehaltung der ursprünglichen Wortstellung gelegt. Bisweilen jedoch sind Ergänzungen oder Erläuterungen unumgänglich. Die im Text verwendeten Zeichen bedeuten:

[ ] Ergänzung, da Lücke in der Überlieferung
‹ › Einfügung zur Verdeutlichung des Zusammenhangs
( ) Erklärung zur Veranschaulichung des Sinnes

Pharao Cheops
und der Zauberer

Pharao Cheops und der Zauberer

Das Märchen ist uns nur auf einem einzigen hieratischen Papyrus erhalten, der unter dem Namen Papyrus Westcar bekanntgeworden ist. Die Handschrift wird im Berliner Museum, Staatliche Museen Preußischer Kulturbesitz, unter der Signatur »Papyrus 3033« aufbewahrt. Aufgezeichnet hat man den Text unserer Handschrift etwa zu Beginn der Herrschaft der Hyksos, einer vorderasiatischen Herrenschicht, die um 1650 v. Chr. das ägyptische Deltagebiet überrannte.

Die sprachlichen und stilistischen Eigenarten unseres volkstümlichen Märchens lassen aber vermuten, daß die Urschrift dieser Erzählung während der 12. Dynastie (1991–1785 v. Chr.) entstanden sein dürfte. Die Handlung selbst schildert die Ereignisse, die sich bei dem Übergang von der 4. zur 5. Dynastie (um 2500 v. Chr.) abgespielt haben, so daß das Märchen offenbar in jener Zeit seinen Ursprung hat.

Für die nachfolgende Übersetzung wurde die Ausgabe von A. Erman, Die Märchen des Papyrus Westcar, Mitteilungen aus den orientalischen Sammlungen, Heft VI. II, Berlin 1890, benutzt.

Anfang und Ende der Papyrushandschrift sind leider nicht erhalten. Wir können aber annehmen, daß zu Beginn noch fünf weitere Söhne des Cheops – er hatte insgesamt wohl neun Söhne – ihre Erlebnisse vorgetragen haben.

Eines Tages ließ sich Pharao Cheops[1] von seinen Söhnen Wundergeschichten erzählen. Einer der Söhne berichtete gerade über ein Wunder, das zur Zeit des Pharaos Djoser[2] geschah. Daraufhin ließ Pharao Cheops Brote, Bier, Ochsen und Weihrauch als Opfergaben für Djoser bereitstellen; und man opferte, wie Seine Majestät es befohlen hatte.

»Da stand Prinz Chefren[3] auf, um zu sprechen, und er sagte: ›Ich will Deiner Majestät ein Wunder erzählen, das zur Zeit deines Ahnen Nebka[4] – selig – geschehen ist.

Er begab sich zum Tempel des [Ptah[5]], des Herrn von Memphis. Als aber seine Majestät nach [Memphis] ging und Seine Majestät dort ein Festopfer abhalten wollte, [da ging der] Obervorlesepriester Ubaoner mit [ihm]. Die Frau des Ubaoner [aber ließ durch eine Dienerin einem Bürger] einen Kasten voll mit Kleidern bringen. [Darauf kam] er mit der Dienerin, [und sie machten sich einen schönen] Tag.

Es gab aber eine Laube [an dem Gartenteich] des Ubaoner. Und da sagte der Bürger [zu der Frau des] Ubaoner: ›Es gibt doch eine Laube [an dem Gartenteich des Ubaoner]. Schau, laß uns ein Stündchen darin zubringen.‹ [Da schickte die

[1] Cheops war der zweite Pharao der 4. Dynastie. Er regierte um 2545–2520 v. Chr. und ließ sich die größte Pyramide auf Erden errichten.

[2] Djoser war König der 3. Dynastie. Er gilt als eigentlicher Begründer des Alten Reiches und herrschte um 2620–2600 v. Chr. in der Reichshauptstadt Memphis.

[3] Der zweite Sohn des Cheops regierte um 2510–2485 v. Chr.

[4] Nebka war der erste Pharao der 3. Dynastie. Wahrscheinlich war er der Vater des Djoser. Nebka herrschte um 2635–2620 v. Chr.

[5] Ptah, Hauptgott von Memphis, wurde als Schöpfergott verehrt.

Frau des] Ubaoner zu dem Hausmeister, der [auch den Gartenteich pflegt, mit den Worten]: ›Laß die Laube, die [am Teich ist], herrichten!‹ [Als die] Laube [hergerichtet war], verbrachte sie dort den Tag, indem sie [mit dem Manne] trank, [bis die Sonne] unterging.

Nachdem es nun [Abend geworden war], [stieg der Mann in den] Teich. Da [begleitete ihn die] Dienerin [bis zu] dem [Teich. Der] Hausmeister [aber erblickte die beiden und sagte zu sich: ›Das werde ich dem] Ubaoner [sagen.‹]

[Nachdem] das Land wieder hell geworden war und der andere Tag [begonnen hatte], ging [der Hausmeister zu Ubaoner, um diesen Vorfall] zu erzählen. [Nachdem Ubaoner das gehört hatte, wurde er sehr traurig und sprach: ›Bringe mir die Zauberbücher und] bringe mir [auch die Zaubergeräte] aus Ebenholz und Gold, [auf daß ich] damit ein Krokodil aus Wachs von sieben Ellen[1] Länge schaffen kann.‹ Dann las er [in seinem Zauberbuch einen Krokodilspruch, formte ein Krokodil aus Wachs, und sprach: ›Wenn] er kommt, um in meinem See zu baden, [dann will ich den] Bürger [auffressen!‹]

Dann gab er es[2] dem Hausmeister und sagte zu ihm: ›Sobald der Bürger in den Teich gestiegen ist nach seiner täglichen Gewohnheit, wirf das Krokodil nach ihm.‹ Da ging der Hausmeister und nahm das Krokodil aus Wachs mit sich.

Die Frau des Ubaoner schickte zu dem Hausmeister, der den [Teich] pflegt, mit den Worten: ›Laß die Laube, die am

[1] Eine Elle = 0,5 m.
[2] Das Krokodil aus Wachs.

Teich ist, herrichten. Siehe, ich komme, um darin zu sitzen.‹ Da wurde die Laube hergerichtet mit allen schönen Sachen. Dann gingen sie[1], und verbrachten einen schönen Tag mit dem Bürger.

Nachdem es nun Abend geworden war, ging der Bürger seiner täglichen Gewohnheit nach[2]. Da warf der Hausmeister das Krokodil aus Wachs nach ihm in das Wasser. Es [verzauberte sich] in ein Krokodil von sieben Ellen Länge und packte den Bürger.

Ubaoner hingegen blieb bei der Majestät, dem König von Ober- und Unterägypten, Nebka – selig – für sieben Tage, während der Bürger [im Teich] herumschwamm, [ohne zu] atmen.

Nachdem nun die sieben Tage vergangen waren, begab sich der König von Ober- und Unterägypten, Nebka – selig, [zu seinem Palast]. [Da] trat der Obervorlesepriester Ubaoner vor, und [Ubaoner sprach zu ihm]: ›Ich möchte etwas erzählen: Deine Majestät möge gehen, und sich das Wunder ansehen, das geschehen ist zur Zeit Deiner Majestät.‹ [Sie gingen zum Teich des] Ubaoner. [Ubaoner rief das] Krokodil und sprach: ›Hole [den] Bürger herbei!‹ Da kam [das Krokodil heraus und brachte den Mann]. Der Obervorlesepriester sagte [Ubaoner zu dem Krokodil: ›Laß ihn wieder los!‹] Und da [ließ] es ihn [wieder los] und überließ ihn [dem Wasser]. Da sprach die Majestät von Ober- und Unterägypten, Nebka – selig: ›Fürwahr, dieses Krokodil ist schrecklich!‹ Ubaoner ‹aber› bückte sich und

[1] Die Frau des Ubaoner mit der Dienerin.
[2] Er stieg natürlich wieder in den Teich.

packte es. Da wurde es in seiner Hand zu einem Krokodil aus Wachs.

Der Obervorlesepriester Ubaoner berichtete der Majestät von Ober- und Unterägypten, Nebka – selig, was der Bürger in seinem Hause mit seiner Frau getan hatte. Da sagte Seine Majestät zu dem Krokodil: ›Hole dir das Deinige!‹ Das Krokodil stieg hinab auf den Grund des Teiches, und nie erfuhr man, wohin es mit ihm[1] gegangen war.

[Die Majestät von Ober- und] Unterägypten, Nebka – selig, ließ die Frau des Ubaoner fortschaffen zum Pranger nördlich der Residenz. Er legte Feuer an sie [und ließ ihre Asche in den] Fluß [werfen].

Siehe, das ist ein Wunder, das geschehen ist [zur] Zeit deines Ahnen, des Königs von Ober- und Unterägypten, Nebka, eines von denen, die der Obervorlesepriester Ubaoner getan hat.‹

Da sagte die Majestät von Ober- und Unterägypten, Cheops – selig: ›Man gebe als Spende tausend Brote, hundert Krüge Bier, einen Ochsen und zwei Weihrauchkugeln für den König von Ober- und Unterägypten, Nebka – selig, und man gebe ein Brot, einen Krug Bier, ein Stück Fleisch und eine Weihrauchkugel dem Obervorlesepriester Ubaoner, [weil] ich ein Beispiel seines Wissens [gesehen habe].‹ – Und man tat, wie Seine Majestät befohlen hatte.

Nun stand der Prinz Baufre[2] auf, um zu reden, und er sprach: ›Ich will [Deine] Majestät ein Wunder hören las-

[1] Mit dem Bürger.
[2] Ein Sohn des Königs Cheops.

sen, das geschehen ist zur Zeit deines Vaters Snofru[1] – selig, [eines von denen, das getan wurde von dem] Obervorlesepriester Djadja-em-anch, [das das] Gestern erhellte [und zugleich] frisch [in Erinnerung blieb bis auf den heutigen] Tag und das noch nie geschehen war [und auch nie wieder geschehen wird:]

[König Snofru ging einmal durch] alle Gemächer des Palastes, um für sich [Zerstreuung] zu suchen, [aber er fand sie nicht. Da sagte er:] ›Geht und holt mir den Obervorlesepriester und [Buch-]Schreiber [Djadja-em-]anch!‹ Man brachte ihn sofort [zu] ihm. Da sprach [Seine] Majestät zu ihm: ›Ich [durchschritt alle Gemächer] des Palastes, um für mich Zerstreuung zu suchen, aber ich habe sie nicht gefunden.‹ Da sagte Djadja-em-anch zu ihm: ›Möge Deine Majestät zu dem See des Palastes gehen! Rüste dir ein Schiff aus mit allen schönen Mädchen aus dem Innern deines Palastes! Das Herz deiner Majestät wird sich erheitern, sie dahinrudern zu sehen stromauf und stromab. Dann wirst du die Vogelsümpfe und die Schönheit deines Sees, seine Felder und seine schönen Ufer sehen. Dein Herz wird sich daran erheitern!‹

›Ich also‹, ‹sagte König Snofru,› ›werde meine Ruderfahrt unternehmen. Man hole mir zwanzig Ruder aus Ebenholz, mit Gold bearbeitet; ihre Griffe aus besonderem Holz, mit Feingold bearbeitet. Man hole mir zwanzig Frauen, schön an ihren Gliedern, mit ‹prallen› Brüsten und mit Locken, ‹Frauen,› die noch nicht geboren haben. Und man bringe mir zwanzig Netze, und man gebe diese Netze den Frauen, sobald sie ihre Kleider abgelegt haben.‹

[1] Vater des Cheops; Begründer der 4. Dynastie. Snofru herrschte um 2570–2545 v. Chr.

Da wurde alles so getan, wie es Seine Majestät befohlen hatte. Sie ruderten stromauf und stromab, und das Herz Seiner Majestät war erfreut, sie rudern zu sehen. Da nestelte eine der Führerinnen an ihrer Haarflechte, und ein Fischschmuckstück aus neuem Türkis[1] fiel in das Wasser. Da war sie still, ohne zu rudern. Da war ‹auch› ihre Seite still, ohne zu rudern. Seine Majestät sprach: ›Wollt Ihr nicht rudern?‹ Sie sagten: ›Unsere Führerin ist still, ohne zu rudern.‹ [Seine] Majestät sprach zu ihr: ›[Warum] ruderst du nicht?‹ Da sagte sie: ›Dieses Fischschmuckstück aus neuem [Türkis] ist in das Wasser gefallen.‹ [Seine Majestät sprach] zu ihr: ›Wünschst [du, daß ich] ihn [dir] ersetze?‹ Da [sagte sie:] ›Ich [will] mein Stück [statt] seines [Ersatzes].‹

Da sprach der Obervorlesepriester Djadja-em-anch irgendwelche Zauberworte. Dann klappte er die eine Seite des Wassers dieses Sees auf deren andere. Er fand das Fischschmuckstück auf einer Scherbe liegen. Er holte es und gab es seiner Besitzerin. Was aber dieses Gewässer anbetrifft: Es war zwölf Ellen[2] tief in seiner Mitte; jetzt aber war es vierundzwanzig Ellen nach seinem Umklappen. Dann sprach er irgendwelche Zauberworte und brachte das Wasser des Sees in seine ‹ursprüngliche› Lage zurück.

Seine Majestät verbrachte einen schönen Tag zusammen mit dem ganzen Haus des Königs – er lebe, sei heil und gesund – und beschenkte dann den Obervorlesepriester Djadja-em-anch mit allen schönen Dingen.

[1] Diesen beliebten Edelstein holten die Ägypter damals aus den Türkisminen der Sinaihalbinsel.

[2] Eine Elle = 0,5 m.

Siehe, das ist ein Wunder, das geschehen ist zur Zeit deines Vaters, des Königs von Ober- und Unterägypten, Snofru – selig, als eines, das vollbracht worden ist von dem Obervorlesepriester und Buchschreiber Djadja-em-anch.‹

Da sprach die Majestät des Königs von Ober- und Unterägypten, Cheops – selig: ›Man gebe als Spende tausend Brote, hundert Krüge Bier, einen Ochsen und zwei Weihrauchkugeln für die Majestät des Königs von Ober- und Unterägypten, Snofru – selig. Und man lasse geben ein Brot, einen Krug Bier und eine Weihrauchkugel dem Obervorlesepriester und Buchschreiber Djadja-em-anch, denn ich habe ein Beispiel seines Wissens gesehen.‹ – Alles wurde so getan, wie Seine Majestät befohlen hatte.

Nun stand der Königssohn Hardjedef[1] auf, um zu reden, und er sprach: ›[Du hast] Fälle [von Wissen erfahren], solche, welche die Dahingegangenen wußten. Man weiß nicht, ob es Wahrheit [oder Lüge ist. Aber es gibt etwas unter] Deiner Majestät in deiner eigenen Zeit, was du nicht kennst. [Es geschehen dabei wundervolle Dinge.]‹ Seine Majestät sprach: ›Was ist [das], Hardjedef, [mein Sohn]?‹

[Da sagte der Königssohn] Hardjedef: ›Es ist ein Mann; seine Name ist Dedi. Er wohnt in der Stadt der Pyramide des Snofru – selig. Er ist ein Mann von einhundertundzehn Jahren[2]. Er ißt fünfhundert Brote und die Hälfte eines Ochsen an Fleisch; und er trinkt hundert Krüge Bier bis zum heutigen Tage. Er weiß einen abgeschnittenen Kopf ‹wieder› anzusetzen. Er weiß einen Löwen hinter sich herlaufen

[1] Ein weiterer Sohn des Cheops, den man in späterer Zeit als Weisen hoch verehrte.
[2] Einhundertundzehn Jahre ist das Idealalter der alten Ägypter.

zu lassen, während dessen Leine auf der Erde ist. Er weiß die Zahl der Kammern des Heiligtums des Thot.‹

Nun verbrachte die Majestät des Königs von Ober- und Unterägypten, Cheops – selig, ‹schon› viel Zeit, für sich diese Kammern des Heiligtums des Thot zu suchen, um das Gleiche für sein Grab zu machen. Da sprach Seine Majestät: ›Du selbst, Hardjedef, mein Sohn, sollst ihn mir bringen!‹

Da wurden Schiffe ausgerüstet für den Königssohn Hardjedef. Dann reiste er südwärts zur Stadt der Pyramide des Snofru – selig. Nachdem die Schiffe gelandet waren, reiste er zu Lande weiter. Er machte es sich bequem in einer Sänfte aus Ebenholz. Die Tragestangen waren aus Ebenholz, mit Gold belegt.

Nachdem er bei Dedi angelangt war, wurde die Sänfte niedergelassen. Er stand auf, um ihn zu begrüßen, und fand ihn auf einer Matte liegen im Hofe seines Hauses. Ein Diener hielt seinen Kopf und puderte ihn, ein anderer rieb seine Füße ein. Da sagte der Königssohn Hardjedef: ›Dein Befinden ist wie das Leben vor dem Alter: Trotz des hohen Alters, der Stätte des Sterbens, der Stätte des Sarges und der Stätte des Begräbnisses ‹bist du› der, der bis zum Hellwerden durchschläft, frei von Krankheit und ohne Keuchen.‹ – So begrüßt man einen Ehrwürdigen! – ›Ich bin hierhergekommen, um dich zu rufen im Auftrage meines Vaters Cheops – selig. Du sollst Besonderes essen, das der König gibt, und Speisen derer, die in seinen Diensten stehen. Er wird dich zu einer schönen Lebenszeit zu deinen Vätern geleiten, die auf dem Friedhof sind.‹

Da antwortete dieser Dedi: ›In Frieden, in Frieden, Hardjedef, Königssohn, den sein Vater liebt. Möge dich preisen dein Vater Cheops – selig! Möge er dich befördern unter den Alten! Möge dein Geist streiten gegen deine Feinde! Möge deine Seele kennen die Wege, die zum Tore dessen führen, der die Müden verhüllt[1]!‹ – So begrüßt man einen Königssohn!

Da streckte ihm der Königssohn Hardjedef seine Hände entgegen und richtete ihn auf. Er ging mit ihm zum Ufer, während er ihm seine Hand gab. Da sagte Dedi: ›Laß mir eine Barke geben, damit sie mir meine Kinder und Bücher hole!‹ Da ließ man ihm zwei Boote mit Besatzung bereitstellen. Dedi fuhr stromab in der Barke, in der der Königssohn Hardjedef war.

Nachdem er zur Residenz gelangt war, trat der Königssohn Hardjedef ein, um der Majestät des Königs von Ober- und Unterägypten, Cheops – selig, zu berichten. Der Königssohn Hardjedef sagte: ›Oh, Herrscher – er lebe, sei heil und gesund –, mein Herr! Ich habe Dedi geholt.‹

Seine Majestät sprach: ›Gehe und bringe ihn mir!‹ Seine Majestät begab sich in die Säulenhalle des Palastes – er lebe, sei heil und gesund! Man führte ihm Dedi herein.

Seine Majestät sprach: ›Wie kommt es, Dedi, daß man dich mir nicht zeigte?‹

Dedi sagte: ›Wer gerufen ist, kommt, oh, Herrscher – er

[1] Das ist der Wächter des Totenreiches, der Totengott Osiris.

lebe, sei heil und gesund! Man rief nach mir, und siehe, ich bin gekommen.‹

Da sprach Seine Majestät: ›Ist das, was man sagt, wahr? Du weißt einen abgeschnittenen Kopf ‹wieder› anzusetzen?‹

Da sagte Dedi: ›Ja, ich weiß es, oh, Herrscher – er lebe, sei heil und gesund –, mein Herr.‹

Da sprach Seine Majestät: ›Man bringe mir einen Gefangenen, der im Gefängnis ist, damit er hingerichtet werde!‹

Da sagte Dedi: ›Nicht doch einen Menschen, oh, Herrscher – er lebe, sei heil und gesund –, mein Herr! Siehe, man befiehlt nicht, so etwas an dem edlen Kleinvieh[1] zu tun!‹

Da brachte man ihm eine Gans und schnitt ihren Kopf ab. Da legte man diese Gans an die Westseite der Säulenhalle und ihren Kopf an die Ostseite der Säulenhalle. Dann sprach Dedi irgendwelche Zauberworte. Da stand die Gans auf und watschelte und ihr Kopf ebenso. Nachdem nun eines zum anderen gelangt war, stand die Gans da und gackerte.

Da ließ er ihm eine Ente bringen. Man machte mit ihr dasselbe. Da ließ Seine Majestät ihm ein Rind bringen; dessen Kopf wurde zu Boden geschlagen. Dedi sprach irgendwelche Zauberworte. Da stand das Rind auf und ging, und

[1] Bezeichnung für die Menschen, die häufiger noch »Kleinvieh Gottes« genannt werden.

sein Kopf ebenso. Nachdem nun eines zum anderen gelangt war, stand das Rind da und brüllte.

Da sprach Seine Majestät zu Dedi: ›Ist das, was man sagt, wahr? Du weißt einen Löwen hinter dir herlaufen zu lassen, während dessen Leine auf der Erde ist?‹

Da sagte Dedi: ›Ja, ich weiß es, oh, Herrscher – er lebe, sei heil und gesund –, mein Herr.‹

Da sprach Seine Majestät: ›Man bringe mir einen Löwen!‹

Man brachte ihm einen Löwen, der wild an der Leine zog und sich auf ihn stürzte. Dedi sprach irgendwelche Zauberworte. Da ging der Löwe ruhig hinter ihm her, während seine Leine auf der Erde lag.

Da sagte die [Majestät] Cheops – selig: ›Und weiter hat man gesagt, du wüßtest die Zahl der Kammern des Heiligtums des [Thot].‹

Dedi antwortete: ›Entschuldige! Ich weiß nicht deren Zahl, oh, Herrscher – er lebe, sei heil und gesund –, mein Herr; aber ich weiß den Ort, an dem sie sind.‹

Da sprach Seine Majestät: ›Wo sind sie denn?‹

Da sagte dieser Dedi: ›Es gibt da eine Steinkiste in einer Kammer namens ›Archiv‹ in Heliopolis[1]. [Siehe], in dieser Kiste ist es.‹

[1] Alter Kultort des Sonnengottes, etwa 14 km nordöstlich von Kairo gelegen. (Siehe Karte S. 237)

[Da sprach Seine Majestät: ›Gehe und hole sie mir!‹]

Dedi antwortete: ›Oh, Herrscher – er lebe, sei heil und gesund –, mein Herr, siehe, nicht ich bin es, der sie dir holen wird!‹

Seine Majestät sagte: ›Wer ist es denn, der sie mir holen wird?‹

Dedi antwortete: ›Das älteste der drei Kinder, die ‹noch› im Leibe der Ruddedet sind, wird sie dir bringen.‹

Seine Majestät sprach: ›Ich hoffe es! Doch was du ‹da› sagtest – wer ist diese Ruddedet?‹

Dedi antwortete: ›Sie ist die Frau eines Priesters des Re, des Herrn von Sachbu[1]. Sie ist schwanger mit drei Kindern des Re, des Herrn von Sachbu. Und er[2] hat gesagt, daß sie dieses prächtige Amt[3] ausüben werden im ganzen Lande. Und das älteste von ihnen wird Hoherpriester von Heliopolis.‹

Das Herz Seiner Majestät war hierüber traurig geworden.

Dedi sagte: ›Warum diese Stimmung, oh, Herrscher – er lebe, sei heil und gesund –, mein Herr? Geschieht es wegen der drei Kinder? Laß mich dazu sagen: Erst ‹kommt› dein Sohn, dann dessen Sohn und dann einer von ihnen.‹

Seine Majestät sprach: ›Zu welcher Zeit wird Ruddedet ge-

[1] Diese Stadt lag im Süden des Deltas.
[2] Der Gott Re spricht.
[3] Mit dem prächtigen Amt ist das Königsamt gemeint.

bären?‹ ‹Dedi antwortete:› ›Sie wird am fünfzehnten Tage des ersten Wintermonats[1] gebären.‹

Seine Majestät sprach: ›Das ist gerade, wenn die Sandbänke des Zweifischkanals trocken liegen. Ich hätte sie sonst selbst überquert, um das Gotteshaus des Re, des Herrn von Sachbu, zu besuchen.‹

Dedi sagte: ›Dann werde ich vier Ellen Wasser auf den Sandbänken des Zweifischkanals entstehen lassen.‹

Da begab sich Seine Majestät in seinen Palast und sprach: ›Man weise dem Dedi das Haus des Königssohnes Hardjedef zu, so daß er mit ihm zusammenwohnt. Sein Unterhalt wird festgesetzt auf tausend Brote, hundert Krüge Bier, einen Ochsen und hundert Bündel Lauch.‹ Man tat alles so, wie Seine Majestät es befohlen hatte.

An einem dieser Tage geschah es, daß Ruddedet arge Geburtswehen litt. Da sprach die Majestät des Re, des Herrn von Sachbu, zu Isis[2], Nephthys[3], Mesechnet[4], Heket[5] und Chnum[6]: ›Bitte, macht euch auf und entbindet Ruddedet von den drei Kindern, die in ihrem Leibe sind und die dieses prächtige Amt in diesem ganzen Lande ausüben werden. Sie werden eure Tempel bauen, sie werden eure Altäre versorgen, sie werden eure Trankopfer reich sein lassen, sie werden eure Gottesopfer vermehren.‹

[1] Entspricht etwa dem 2. Dezember unserer Zeitrechnung.
[2] Die Schutzgöttin Isis ist die Gattin des Osiris, von dem sie den Sohn Horus empfing.
[3] Schwester der Isis. Sie ist die Gattin des Seth und die Mutter des Anubis.
[4] Wiegengöttin.
[5] Geburtshelferin. Diese froschgestaltige Göttin begleitet gern den Gott Chnum.
[6] Schöpfergott, der den Menschen auf der Töpferscheibe formt.

Da gingen diese Götter fort, nachdem sie sich in Tänzerinnen verwandelt hatten. Chnum war bei ihnen und trug das Gepäck. Sie gelangten zu dem Hause des Rewoser. Sie fanden ihn dastehen mit heruntergerutschtem Schurz. Sie spielten ihm auf mit ihren Halsketten und Sistren[1].

Er sagte zu ihnen: ›Meine Damen, seht, eine Frau leidet arge Geburtswehen.‹

Da sagten sie: ›Laß sie uns sehen! Siehe, wir verstehen das Entbinden.‹

Da sagte er zu ihnen: ›Kommt!‹

Sie traten bei Ruddedet ein. Dann schlossen sie sich mit ihr in der Kammer ein.

Da stellte sich Isis vor sie, Nephthys hinter sie und Heket beschleunigte die Geburt. Da sprach Isis: ›Sei nicht stark in ihrem Leibe in diesem deinem Namen Userkaf[2]!‹ Da glitt dieses Kind auf ihre Arme, ein Junge von einer Elle Länge. Seine Knochen waren fest. Der Überzug seiner Glieder war aus Gold, seine Kopfbedeckung aus echtem Lapislazuli. Sie wuschen ihn, nachdem seine Nabelschnur durchschnitten und er auf eine Windel in ein Bettchen gelegt worden war. Dann begab sich Mesechnet zu ihm, und sie sprach: ›Ein König, der das Königsamt führen wird in diesem ganzen Lande.‹ Und Chnum machte ihm einen gesunden Leib.

[1] Musikinstrument, das einen rasselnden Klang erzeugt, wenn man es in der Hand schüttelt.

[2] Erster Pharao der 5. Dynastie; herrschte um 2450–2442 v. Chr.

Isis stellte sich vor sie[1], Nephthys hinter sie und Heket beschleunigte die Geburt. Da sprach Isis: ›Tritt nicht in ihren Leib in diesem deinem Namen Sahure[2]!‹ Da glitt dieses Kind auf ihre Arme, ein Junge von einer Elle Länge. Seine Knochen waren fest. Der Überzug seiner Glieder war aus Gold, seine Kopfbedeckung aus echtem Lapislazuli. Sie wuschen ihn, nachdem seine Nabelschnur durchschnitten und er auf eine Windel in ein Bettchen gelegt worden war. Dann begab sich Mesechnet zu ihm, und sie sprach: ›Ein König, der das Königsamt führen wird in diesem ganzen Lande.‹ Und Chnum machte ihm einen gesunden Leib.

Isis stellte sich vor sie, Nephthys hinter sie und Heket beschleunigte die Geburt. Da sprach Isis: ›Sei nicht finster in ihrem Leib in diesem deinem Namen Kakai[3]!‹ Da glitt dieses Kind auf ihre Arme, ein Junge von einer Elle Länge. Seine Knochen waren fest. Der Überzug seiner Glieder war aus Gold, seine Kopfbedeckung aus echtem Lapislazuli. Dann begab sich Mesechnet zu ihm, und sie sprach: ›Ein König, der das Königsamt führen wird in diesem ganzen Lande.‹ Und Chnum machte ihm einen gesunden Leib. Sie wuschen ihn, nachdem seine Nabelschnur durchschnitten und er auf eine Windel in ein Bettchen gelegt worden war.

Die Götter kamen heraus, nachdem sie Ruddedet von den drei Kindern entbunden hatten. Dann sagten sie: ›Freue dich, Rewoser! Siehe, dir sind drei Kinder geboren.‹ Da sagte er zu ihnen: ›Meine Damen, was kann ich für euch

[1] Erneut stellte sich Isis vor Ruddedet und leitete die Geburt des zweiten Kindes ein.

[2] Zweiter Pharao der 5. Dynastie; regierte um 2442–2430 v. Chr.

[3] Dritter Pharao der 5. Dynastie; herrschte um 2430–2410 v. Chr. Als König nahm er den Namen Neferirkare an.

tun? Ach, gebt diese Gerste eurem Gepäckträger und nehmt sie euch zur Bierbereitung als Lohn.‹ Da belud sich Chnum mit der Gerste.

Sie gingen dorthin, woher sie gekommen waren. Da sagte Isis zu diesen Göttern: ›Was ist das, daß wir zu ihr gegangen sind, ohne für diese Kinder ein Wunder getan zu haben, das wir ihrem Vater melden könnten, der uns geschickt hat!‹ Da formten sie drei Kronen des Herrschers – er lebe, sei heil und gesund. Sie legten sie in die Gerste. Dann ließen sie am Himmel Sturm und Regen kommen. Sie kehrten zu dem Haus zurück und sagten: ›Ach, legt diese Gerste hier in eine verschlossene Kammer, bis wir vom Tanzen im Norden zurückkehren.‹ Da wurde die [Gerste] für sie in eine verschlossene Kammer gelegt.

Ruddedet reinigte sich in einer Reinigung von vierzehn Tagen. Sie sagte zu ihrer Dienerin: ›Ist das Haus versorgt?‹

Sie antwortete: ›Es ist versorgt mit allen guten Dingen außer mit Krügen; man hat sie nicht gebracht.‹

Da sagte Ruddedet: ›Warum hat man denn nicht Krüge gebracht?‹

Da antwortete die Dienerin: ›Besonderes ist hier nicht nötig außer der Gerste für die Tänzerinnen. Sie ist in der Kammer unter ihrem Siegel.‹

Da sagte Ruddedet: ›Steig hinab und hole davon! Rewoser wird ihnen sicher Ersatz dafür geben, sobald er zurückgekehrt ist.‹

Die Dienerin ging und öffnete die Kammer. Da hörte sie Töne von Gesang und Musik, Tanz und Jubel und was man so alles für einen König tut, in der Kammer. Sie ging und berichtete alles, was sie gehört hatte, der Ruddedet. Diese ging in der Kammer umher und konnte den Ort nicht finden, an dem es geschah. Da legte sie ihre Schläfe an den Sack und hörte, daß es in seinem Innern geschah. Sie legte ‹ihn› in eine Kiste, und diese ward in einen anderen Verschluß gelegt und mit einem Lederriemen zugebunden. Das legte sie in eine Kammer, in der ihre Sachen waren und schloß ab.

Rewoser kam vom Felde zurück, und Ruddedet erzählte ihm diese Sache. Da war sein Herz froh über alle Maßen. Sie setzten sich und verbrachten einen schönen Tag.

Nachdem nun Tage hierüber vergangen waren, schimpfte Ruddedet wegen einer Sache mit der Dienerin und ließ sie mit Schlägen bestrafen. Da sagte die Dienerin zu den Leuten, die im Hause waren: ›Kann sie das tun, so etwas? Sie hat drei Könige geboren! Ich will hingehen und es der Majestät von Ober- und Unterägypten, Cheops – selig, sagen!‹

Sie ging fort und fand ihren Bruder mütterlicherseits, während er Flachs band, auf der Tenne. Da sagte er zu ihr: ›Wohin gehst du, kleines Mädchen?‹ Sie erzählte ihm die Geschichte. Da sagte ihr Bruder zu ihr: ›Tut man das, was du tust: Zu mir zu kommen, so daß ich verwickelt werde in die Anzeige?‹ Er packte ein Flachsbündel und schlug heftig auf sie ein.

Die Dienerin ging fort, um sich Wasser zu schöpfen. Da packte sie ein Krokodil.

Ihr Bruder ging, um es der Ruddedet zu sagen. Er fand Ruddedet dasitzen, ihr Kopf lag auf ihren Knien[1], ihr Herz war über alle Maßen traurig.

Da sprach er zu ihr: ›Meine Dame, warum bist du so verstimmt?‹

Sie antwortete: ›Das ist die Kleine, die in diesem Hause aufwuchs. Schau doch, sie ist fortgegangen mit den Worten: Ich werde gehen und Anzeige erstatten.‹

Da senkte er seinen Kopf und sagte: ›Meine Dame, die Sache ist so: Sie ist gekommen, um mir [die Angelegenheit] zu erzählen. Sie hielt sich bei mir auf. Ich schlug heftig auf sie ein. Da ging sie, um sich ein wenig Wasser zu schöpfen. Da packte sie das Krokodil.‹«

[1] Sie saß in Trauer da.

Des Bauern Reden wider die Korruption

Des Bauern Reden wider die Korruption

Die Erzählung über die Reden des Bauern wider die Korruption spielt in der 10. Dynastie zur Zeit des Königs Achthoes, der uns auch mit seinem Thronnamen Nebkaure bekannt ist (um 2100 v. Chr.). Nachdem gerade etwa sechzig Jahre zuvor das Alte Reich zusammengebrochen war, macht sich jetzt in der sogenannten Ersten Wirrezeit Unsicherheit, Ratlosigkeit und Unzufriedenheit im Volke breit. Statt Recht und Ordnung ist Bestechung und Willkür an der Tagesordnung. Der Unmut findet seinen Ausdruck in der Erzählung über den beredten Bauern, der in neun wortgewaltigen Reden den sozialen Mißstand dieser Zeit beklagt. Mit bildhaften Darstellungen, deren Verständnis uns an einigen Stellen leider verschlossen bleibt, prangert er die Rechtlosigkeit des einzelnen an und beschimpft bisweilen gar die eingerissene Unordnung.

Der Text der vorliegenden Erzählung ist uns in vier Papyrushandschriften erhalten, die etwa in der Zeit 2040–1650 v. Chr. angefertigt wurden, also kurz nach der wahren Begebenheit.

Unserer Übersetzung liegt die noch immer grundlegende Ausgabe von F. Vogelsang zugrunde: Kommentar zu den Klagen des Bauern, Leipzig 1913, Untersuchungen zur Geschichte und Altertumskunde Ägyptens, herausgegeben von K. Sethe, 6. Band (reprographischer Nachdruck Hildesheim 1964).

»Es war einmal ein Mann, dessen Name war Chuinanup. Er war ein Bauer der Salzoase[1]. Er hatte auch eine Frau, deren Name war Merit.

Nun sprach dieser Bauer zu dieser seiner Frau:

›Schau, ich will hinabgehen nach Ägypten, um dort Nahrungsmittel zu holen für meine Kinder. Geh nur und miß mir das Korn ab, das im Vorratsraum als Rest der [letzten] Ernte da ist.‹ Da maß sie ihm das Korn ab, und zwar [acht] Scheffel[2].

Und der Bauer sprach zu dieser seiner Frau:

›Schau, [es bleiben] für dich und deine Kinder zwei Scheffel Korn als Nahrung. Mir sollst du aber aus den sechs Scheffel Korn für jeden Tag Brot und Bier machen, so daß ich davon [leben kann].‹

Dann zog dieser Bauer hinab nach Ägypten, nachdem er seine Esel beladen hatte mit Palmzweigen, Matten, Natron, Holzstangen, Mandeln der Farafra-Oase, mit Pantherfellen, Fuchsbälgen, schönem Schilfrohr, Tenem-Pflanzen[3], Cheperwer-Kräutern[3], Sahet-Pflanzen[3], Sakeset-Kräutern[3], Misef-Pflanzen[3], Senet-Kräutern[3], Lattich, Ibsa-Kräutern[3], Inbi-Pflanzen[3], mit Tauben, Straußen und Ugsa-Vögeln[4], Aben-Pflanzen[3], Tebes-Pflanzen[3],

[1] Das heutige Wadi Natrun (Natron-Tal) am Westrand des Deltas zwischen Kairo und Alexandria. (Siehe Karte S. 238)

[2] Ein Scheffel hatte 4,5 Liter.

[3] Heilkräuter, die uns heute unbekannt sind.

[4] Eine uns unbekannte Vogelart.

Gengen-Kräutern[1], Erdhaar und Inset-Kräutern[1] – also voll mit allerlei schönen Erzeugnissen der Salzoase.

Der Bauer reiste nun gen Süden nach Herakleopolis[2]. Er gelangte in die Gegend von Per-Fefi nördlich von Medenit. Dort traf er einen Mann, der auf dem Uferdamm stand; dessen Name war Thot-Nacht. Er war der Sohn eines Mannes namens Iseri; das waren Untertanen des Obergüterverwalters Rensi, des Sohnes des Meru.

Da sprach dieser Thot-Nacht, als er die Esel des Bauern sah, die für sein Herz begehrenswert waren, und sagte:

›Hätte ich doch irgendein wirksames Götterbild[3], auf daß ich die Sachen des Bauern wegnehmen könnte!‹

Nun lag aber das Haus dieses Thot-Nacht bei der Anlegestelle am Rande des Weges, und dieser war eng, nicht breiter als die Stärke eines Stoffballens. Dessen eine Seite stand unter Wasser, auf dessen anderer war Getreide.

Da sprach der Thot-Nacht zu seinem Diener:

›Gehe und hole mir ein Laken aus meinem Haus!‹ Sogleich wurde es ihm gebracht. Dann breitete er das Laken bei der Anlegestelle über die Ränder des Weges aus; seine Fransen sanken in das Wasser und sein Saum auf das Getreide.

Nun aber kam der Bauer auf dem öffentlichen Weg.

Da sagte der Thot-Nacht: ›Gib acht, Bauer, daß du nicht auf meine Kleider trittst!‹

[1] Heilkräuter, die uns heute unbekannt sind.
[2] Das heutige Ehnas, westlich von Beni Suef gelegen.
[3] Ein Götterbild zum Zaubern.

Da sprach der Bauer: ›Ich tue, wie du wünschst! Mein Weg soll recht sein!‹ Dann ging er nach oben[1].

Da sagte der Thot-Nacht: ›Soll dir etwa mein Getreide als Weg dienen, Bauer?‹

Da sprach der Bauer: ›Mein Weg soll recht sein! Das Ufer ist steil, der Weg ist unter Getreide, und du versperrst noch unseren Weg mit deinen Kleidern. Willst du uns denn nicht vorübergehen lassen auf dem Wege?‹

Kaum hatte er diese Worte zu Ende gesagt, da stopfte sich einer seiner Esel das Maul mit einem Büschel Getreide.

Da sagte der Thot-Nacht: ›Ich werde jetzt deinen Esel wegnehmen, Bauer, weil er mein Getreide frißt! Er soll dann austreten[2], weil er sich vergeht!‹

Da sprach der Bauer: ›Mein Weg ist recht! Wenn eine Seite versperrt ist, dann bringe ich meinen Esel auf diejenige, die erst noch gesperrt werden soll. Du willst ihn wegnehmen, weil er sein Maul mit einem Büschel Getreide vollgestopft hat? Ich kenne allerdings den Besitzer dieses Bezirkes: Er gehört dem Obergüterverwalter Rensi, dem Sohne des Meru. Er ist doch derjenige, der jedem Räuber in diesem ganzen Lande entgegentritt. Sollte ich etwa in seinem Bezirk beraubt werden?‹

Darauf sagte der Thot-Nacht: ›Ist das nicht eine Redensart der Leute ›Man nennt den Namen des Geringen nur wegen seines Herrn‹? Ich bin es, der zu dir spricht – der Obergüterverwalter, den du erwähnst!‹ Da nahm er sich einen Stock von einer grünen Tamariske. Dann schlug er damit auf all seine Glieder, nahm seine Esel weg und führte sie auf sein Gut.

[1] Er ging in das Korn.

[2] Das Korn auf der Tenne austreten.

Da weinte der Bauer sehr heftig, weil das so sehr schlimm war, was ihm angetan worden war.

Da sagte der Thot-Nacht: ›Mäßige deine Stimme, Bauer! Du bist doch in der Gegend des Herrn der Stille[1].‹
Der Bauer sprach:
›Du schlägst mich,
du raubst meine Habe
und nimmst obendrein noch die Klage aus meinem Munde weg!
Oh, Herr des Schweigens, gib mir doch meine Sachen wieder!
Dann klage ich nicht ‹mehr› eine Grausamkeit an.‹

Der Bauer verblieb einen Zeitraum von etwa zehn Tagen, während er den Thot-Nacht anflehte; doch der schenkte ihm kein Gehör. Dann zog der Bauer gen Süden nach Herakleopolis, um sich in dieser Sache an den Obergüterverwalter Rensi, den Sohn des Meru, zu wenden. Er traf ihn an, als er aus der Tür seines Hauses heraustrat, um zu seinem Dienstboot hinabzugehen.

Da sagte der Bauer: ›Ach, möge es gestattet sein, daß ich dir über einen Vorfall berichte. Es wäre wohl angebracht, daß du deinen vertrauten Diener zu mir schickst, den du wegen derartiger Sachen sendest.‹

Darauf ließ der Obergüterverwalter Rensi, der Sohn des Meru, seinen vertrauten Diener zu ihm gehen. Der Bauer sandte ihn dann mit einem Bericht über diese ganze Ange-

[1] Bezeichnung für den Gott Osiris mit seinem Heiligtum Abusir el-Melek bei Herakleopolis.

legenheit zurück. Dann zeigte der Obergüterverwalter Rensi, der Sohn des Meru, den Thot-Nacht bei seinen beigeordneten Beamten an.

Doch sie sagten zu ihm: ›Mein Herr, wahrscheinlich geht es um einen Bauern von ihm, der da gekommen ist zu einem anderen in seiner Nähe. Schau, das ist ihr Verhalten gegenüber ihren Bauern, die da kommen wegen anderer in ihrer Nähe. Schau, das ist ihr Verhalten! Ist das etwa ein Fall, um den Thot-Nacht zu bestrafen wegen des bißchen Natrons und des bißchen Salzes? Wenn man ihm befiehlt, es zurückzugeben, dann wird er es zurückgeben!‹

Darauf schwieg der Obergüterverwalter Rensi, der Sohn des Meru. Er antwortete weder den Beamten noch antwortete er dem Bauern.

Da kam nun der Bauer, um den Obergüterverwalter Rensi, den Sohn des Meru, anzuflehen.
Er sprach:
›Oh, Obergüterverwalter, mein Herr!
Größter der Großen, Führer dessen, was nicht ist und was ist!
Wenn du hinabsteigst zum See der Gerechtigkeit,
dann wirst du auf ihm mit günstigem Winde segeln:
Nicht wird dein Segeltuch reißen.
Nicht wird dein Schiff an Fahrt verlieren.
Nicht wird ein Unheil deinen Mast treffen.
Nicht wird man deine Rahen zerschneiden.
Nicht wirst du untergehen oder Grund berühren.
Nicht wird die Flut dich packen.
Nicht wirst du das Übel des Stromes kosten.
Nicht wirst du das Antlitz des Furchtbaren schauen!

Die scheuen Fische werden zu dir kommen,
und du wirst fette Vögel erbeuten; denn du bist
der Vater des Waisen,
der Gatte der Witwe,
der Bruder der Geschiedenen und
der Schurz dessen, der keine Mutter hat.

Gestatte, daß ich dir einen Namen mache in diesem Lande,
der mehr gilt als jede schöne Verordnung.
Oh, Führer, frei von Habgier,
oh, Großer, frei von Niedrigkeit,
der die Lüge vernichtet,
der Recht schafft und
der auf die Stimme dessen, der einen Laut gibt, kommt –
gib nicht Böses in das Land!

Ich rede, auf daß du hörest:
Tue Recht, oh, Gelobter, den die Gelobten loben!
Vertreibe meine Not!
Siehe, ich bin [mit] Kummer beladen.
Siehe, ich bin schwach deswegen.
Mustere mich und schau, ich bin im Nachteil!‹

Nun sprach aber der Bauer diese Rede zur Zeit des Königs von Ober- und Unterägypten, Nebkaure[1] – selig.

Da trat der Obergüterverwalter Rensi, der Sohn des Meru, hin vor Seine Majestät, und er sprach: ›Mein Herr, ich habe einen von diesen Bauern getroffen, der wahrlich vortrefflich reden kann. Dessen Sachen sind von einem Manne

[1] Dritter König der 9. Dynastie. Er regierte um 2100 v. Chr.

geraubt worden, der in meinen Diensten steht. Schau, er ist gekommen, um mich deshalb anzuflehen.‹

Und Seine Majestät sprach: ›Wenn du mich gesund sehen willst, dann halte du ihn hier hin, ohne auf irgend etwas, was er sagt, zu antworten. Damit er am Reden bleibt, sollst du schweigen! Man möge uns seine Worte schriftlich bringen, auf daß wir sie hören! Sorge aber für den Lebensunterhalt seiner Frau und seiner Kinder! Schau, von diesen Bauern kommt einer ‹erst dann› her, wenn sein Haus bis auf den Erdboden leer ist. Sorge auch für den Lebensunterhalt des Bauern selbst, indem du ihm Speisen zukommen lassen sollst, ohne ihn wissen zu lassen, daß du es bist, der sie gibt.‹

Da gab man ihm täglich zehn Brote und zwei Krug Bier; und die gab der Obergüterverwalter Rensi, der Sohn des Meru; ‹d. h.› er gab sie seinem Freund, und der war es, der sie ihm gab. Dann sandte der Obergüterverwalter Rensi, der Sohn des Meru, zu dem Vorsteher der Salzoase wegen der Beschaffung der täglichen Speisen für die Frau des Bauern im Betrag von drei Scheffel Getreide.

Da kam nun der Bauer, um ihn zum zweiten Male anzuflehen.

Er traf ihn an, als er [aus seinem Haus] herauskam.
Er sprach:
›Oh, Obergüterverwalter, mein Herr!
Größter der Großen,
Reichster der Reichen,
der groß ist für seine Großen,
der reich ist für seine Reichen!
Oh, Steuerruder des Himmels,
oh, Mast der Erde,

oh, Leine des Lotes!
Oh, Steuerruder, falle nicht!
Oh, Mast, kippe nicht um!
Oh, Leine, pendle nicht!

Nimmt etwa ein großer Herr von dem, das keinen Herrn hat und raubt von dem Einsamen? Dein Bedarf ist in deinem Hause: Ein Krug Bier und drei Brote. Was wendest du auf für das Sättigen deiner Leute? Stirbt einer, so stirbt er zusammen mit seinen Leuten. Willst du etwa ein Mann der Ewigkeit sein?

Es ist doch nichts Schlimmes:
Eine Waage, die schiefsteht,
ein Lot, das abweicht,
ein Rechtschaffener, der zu einem Abweichler geworden ist.
Schau, die Gerechtigkeit verschwindet unter dir,
denn sie ist von ihrem Platz vertrieben.

Die Beamten tun Unrecht:
Wer richtig rechnen sollte, legt auf die Seite.
Wer verhören sollte, raubt.
Wer sich einer Sache annehmen sollte, verstrickt sich in ihr.
Wer Luft geben sollte, nimmt den Atem fort.
Welches Land Ruhe geben sollte, gibt keine Ruhe.
Wer teilen sollte, ist habgierig.
Wer den Bedrücker verdrängen sollte, befiehlt, daß er die Stadt überschwemmt.
Wer das Böse abwehren sollte, tut Unrecht.‹

Da sprach der Obergüterverwalter Rensi, der Sohn des

Meru: ›Ist es denn so bedeutend, was du auf dem Herzen hast, daß mein Diener dich abführen muß?‹

Und der Bauer sagte:
›Wer die Kornhaufen abmißt, unterschlägt für sich.
Wer für einen anderen abfüllt, stiehlt dessen Habe.
Wer nach den Gesetzen regieren soll, befiehlt den Raub.
Wer also soll das Übel abwehren?
Wer die Mängel abstellen sollte, handelt umgekehrt.
Wer den einen tadeln sollte, vertuscht;
wer den anderen loben sollte, tut Unrecht.
Wann empfindest du denn Mißfallen über die Nichtbestrafung der Übeltäter?

Tritt eine gute Tat an ihre Stelle von gestern, so ist das Gebot:
›Tue dem Gutes, der Gutes tut, damit er Gutes tue!‹
Das heißt jemandem zu danken für das, was er tut.
Und das heißt zurückzuhalten, ehe man losschießt.
Und das heißt dem Herrn der Arbeiten Sachen zuweisen.

Ach, daß doch ein Augenblick Vernichtung brächte:
Schaden in deinen Weinberg,
Minderung unter deinem Geflügel,
Verwüstung unter deinen Wildhühnern.
Wer sieht, geht blind hinaus.
Wer hört, ist taub.
Wer führt, ist ein Verführer geworden.

Oh, Herr, wann wirst du wieder vernünftig?
Handle doch, wie man es von dir erwartet!
Siehe, du bist stark und kräftig;
dein Arm ist rührig, und dein Herz ist habgierig.

Die Milde ist an dir vorübergegangen.
Wie klagt doch der Arme, den du vernichtet hast!

Du gleichst dem Boten des Krokodilgottes.
Erdreiste dich nicht zu einer Schandtat wegen der Herrin der Seuche!
Wenn es nicht für dich gilt und nicht für sie,
dann gilt es auch nicht gegen sie und nicht gegen dich.
Wenn du es nicht tust,
dann tut es auch nicht der Milde.
Für den Bettler ist da der gewalttätige Besitzergreifer,
für den Besitzlosen ist da der wahre Dieb.
Von einem Bettler Sachen zu rauben,
ist eine Schandtat für den, der nicht Mangel hat.
Soll man deshalb denn nicht hochfahren?
Das ist es, was er gesucht hat!
Du aber bist satt von deinem Brot und trunken von deinem Bier.
Du bist reich an jeglichen Dingen.
Wenn das Gesicht des Steuermannes nach vorne zeigt,
dann steuert das Schiff, wohin es will[1].
Wenn der König zu Hause sitzt und du dann das Ruder [in] deiner Hand hast,
dann wird es Unheil in deiner Umgebung geben.
Der Bittende braucht Langmut,
der Teilende hat es schwer.
›Was ist der, der da ist?‹ So sagt man.

Sei du ein Zufluchtsort, und möge dein Ufer sicher sein!
Schau, deine Stadt ist heimgesucht von Krokodilen!
Irre nicht du, dessen Zunge richtig war!

[1] Der Steuermann starrt offenbar schläfrig in die Ferne.

Der Wurm des Mannes ist ein Glied von ihm.
Sprich keine Lüge aus und bewahre davor die Beamten!
Ein Korb sind die Fetten und Lauscher:
Dessen Flechtwerk es ist, Lügen auszusprechen;
und das ist leicht für ihr Herz.

Wer die Anliegen aller Menschen kennt –
kennst du da nicht meine Angelegenheit?
Wer die Wassernot vertreibt –
schau, ich bin auf dem Weg ohne ein Schiff.
Wer jeden Ertrinkenden an Land bringt
und wer den Schiffbrüchigen rettet –
mich errettest du, wenn du die Zeit für gekommen hältst.‹

Da kam nun der Bauer, um ihn zum dritten Male anzuflehen.
Er sprach:
›Oh, Obergüterverwalter, mein Herr!
Du bist Re, der Herr des Himmels und deiner Hofbeamten,
der die Anliegen aller Menschen ‹kennt›.
Du bist wie die Flut:
Du bist der Nil, der die Felder grünen läßt und
der wüste Landstriche urbar macht.
Wehre den Räuber!
Behüte den Elenden!
Werde nicht zu einer Flut gegen den Bittenden!
Beachte das Nahen der Ewigkeit!
Wünsche dir Ausdauer, wie man sagt:
›Luft für die Nase ist es, Rechtes zu tun‹.
Bestrafe den, der bestraft werden muß,
und niemand wird deiner Richtigkeit gleichkommen.
Irrt denn die Handwaage?
Neigt sich denn die Standwaage auf eine Seite?

Ist denn Thot[1] milde?
Wenn du Unrecht tust,
dann mache dich zum Kameraden dieser drei;
und wenn die drei milde sind,
dann sei auch du milde.
Beantworte nicht das Gute mit dem Bösen!
Setze nicht das eine an die Stelle des anderen!

Die Rede wächst mehr als das Unkraut
und mehr, als es sich für den Geruch ziemt.
Beantworte sie nicht und gieße kein Unheil aus,
um zu bewirken, daß die Verschleierungen wachsen.
Das waren drei Gelegenheiten, um ihn zum Handeln zu veranlassen.

Wenn du das Ruder rund achtern führst,
dann wird die Woge gegen das Rechttun fortgenommen.
Hüte dich davor, daß du auf Grund läufst beim Steuerreep.
Die Ausgewogenheit der Erde ist es, Recht zu tun.

Sage kein Lüge – denn groß bist du.
Sei nicht leicht – denn schwer bist du.
Sage keine Lüge – die Waage bist du.
Sei nicht falsch – die Richtigkeit bist du.

Siehe, du bist eines Hauptes mit der Waage.
Wenn sie sich neigt, neigst auch du dich.
Weiche nicht vom Kurs ab, wenn du das Ruder führst,
sonst wirst ‹du› fortgerissen beim Steuerreep.
Raube nicht!

[1] Den ibisköpfigen Gott Thot verehrte man als Schutzpatron der Schreiber und Beamten.

Wehre den Räuber ab!
Nicht groß ist der große Habgierige dort.
Das Lot der Waage ist deine Zunge;
das Gewicht ist dein Herz;
ihre Waagebalken sind deine beiden Lippen.
Wenn du dein Gesicht verhüllst gegen den Gewalttätigen,
wer wird dann das Böse abwehren?

Siehe, du bist ein Armer für den Wäscher, der habgierig ist,
denn er stört die Freundschaft.
Wen sein Partner wegen seines Klienten verlassen hat,
der ist sein Bruder, der gekommen ist oder ihm gebracht wurde.

Siehe, du bist ein Fährmann, der den ehrlichen Fahrgeldbesitzer übersetzt,
dessen Ehrlichkeit geteilt ist.

Siehe, du bist ein Lagerhausvorsteher;
nicht läßt er zu, daß der Vorrat ausgeht.

Siehe, du bist ein Falke für die Menschheit,
der von den elendesten Vögeln lebt.

Siehe, du bist ein Koch, dessen Freude ist das Schlachten.
Dabei gibt es keine Verstümmelung bei ihm.

Siehe, du bist ein Hirt; und das ist freilich nicht schlecht für mich.

Du hast nicht gezahlt. Ach, mögest du Verlust machen durch das gefräßige Krokodil.
Die Sicherheit wird seltener in jedem Ort des Landes.

Oh, Hörender, du hörst ja gar nicht. Weshalb hörst du denn nicht,
seitdem ich den Angreifer abwehre, während das Krokodil folgt?
Wann also willst du davon Gebrauch machen?
Man findet den, der die Wahrheit verbirgt.
Man wirft die Lüge zu Boden.
Rüste dich nicht für den morgigen Tag, bevor er gekommen ist;
denn man weiß nicht, was Schlechtes an ihm kommt.‹

Diese Worte sprach nun dieser Bauer zu dem Obergüterverwalter Rensi, dem Sohne des Meru, am Eingang des Palastes. Da ließ er zwei Diener mit Peitschen gegen ihn vorgehen; dann schlugen sie damit alle seine Glieder.

Da sprach der Bauer:
›Merus Sohn geht in die Irre:
Seine Wahrnehmung ist
blind gegen das, was er sieht,
taub gegen das, was er hört und
unaufmerksam bei dem, woran man ihn erinnert.

Siehe, du bist wie eine Stadt ohne ihren Stadtherrn,
wie eine Körperschaft ohne ihren Vorsitzenden,
wie ein Schiff ohne Kommandanten darin,
‹wie› eine Truppe ohne ihren Anführer.

Siehe, du bist sowohl ein Polizist
als auch ein Räuber,
ein bestechlicher Stadtherr,
ein Bezirksleiter, der den Raub abwehren sollte, der jedoch zum Vorbild geworden ist für den Täter.‹

Da kam nun der Bauer, um ihn zum vierten Male anzuflehen.
Er traf ihn, als er aus dem Tor des Harsaphes[1]-Tempels herausging.
Er sprach:
›Du, Belohnter, es belohne dich Harsaphes, aus dessen Haus du gekommen bist.
Zerstört ist das Gute, und keiner kann sich rühmen, daß er die Lüge zu Boden geschleudert hat.

Hat man die Fähre hergeholt?
Womit soll man denn übersetzen, wenn auch das übrige ‹Feste› zu Wasser geworden ist? Den Fluß zu Fuß überqueren – ist das etwa ein gutes Übersetzen? Nein!

Wer schläft denn bis in den Tag hinein?
Gestört ist das Gehen in der Nacht und das Wandeln am Tage und daß man zuläßt, daß ein Mann sich einsetzen muß für sein gutes Recht.

Siehe, unaufhörlich muß man dir sagen: ›Die Milde ist an dir vorübergegangen. Wie elend geht es dem Armen, den du zugrunde gerichtet hast!

Siehe, du bist ein Jäger,
der seinen Mut kühlt,
der sich dem hingibt, was er tun möchte,
der Nilpferde harpuniert,
der Wildstiere schießt,
der Fische aufspießt
und Vögel einfängt.

[1] Lokalgott von Ehnas (Herakleopolis).

Nicht soll schnell an Rede sein,
wer frei von Hast ist;
nicht ist leichten Herzens,
wer reiflich überlegt.

Sei nachsichtig und erkenne die Wahrheit!
Überprüfe deine Wahl, auf daß es gut hat ‹der›, der den Schweigenden beläßt.
Nicht ist übereilt, wer vortrefflich übt.
Es gibt keinen Unwilligen!

Man bringt etwas, das die beiden Augen sehen, auf daß man das Herz erfreut.
Sei nicht anmaßend in bezug auf deine Macht, damit dich nicht das Böse erreicht!
Wer sich an einer Sache vergeht, hat zwei daraus gemacht.

Der Speisende kostet
und der Befragte antwortet;
der Schläfer schaut einen Traum.
Doch ein Richter, der bestraft wird – er ist ein Vorbild für einen Übeltäter.

Oh, Narr, siehe, dich hat man erwischt!
Oh, Unwissender, siehe, dich hat man befragt!
Oh, Gewissenserleichterer, siehe, dich hat man aufgesucht!
Oh, Steuermann, laß nicht zu das Sterben!
Oh, Vernichter, laß nicht zu das Vernichten!
Oh, Schatten, werde nicht ein Sonnenlicht!
Oh, Zuflucht, laß nicht zu den Raub!

Das vierte Mal schon flehe ich dich an. Wie lange Zeit soll ich noch zubringen?‹

Da kam nun der Bauer, um ihn zum fünften Male anzuflehen.
Er sprach:
›Oh, Obergüterverwalter, mein Herr!
Der Chudu[1]-Fischer [angelt die Nilfische].
Der Ju[1]-Fischer schlachtet die Ji[1]-Fische.
Der Fischstecher sticht die Aubbu[1]-Fische.
Der Djabehu[1]-Fischer angelt die Pekeru[1]-Fische,
und der Fischfänger verwüstet den Fluß.
Siehe, genauso bist auch du!

Beraube nicht den Geringen seiner Habe – den Schwachen, den du kennst! Der Atem des Armen ist seine Habe, und wer sie wegnimmt, der stöpselt dessen Nase zu.

Dich hat man eingesetzt,
um eine Klage anzuhören,
um über zwei Parteien Recht zu sprechen,
um den Räuber zu verbannen.
Doch das, was du getan hast, ist Hilfestellung für einen Dieb.
Man vertraute dir, doch du bist ein Übertreter geworden.
Dich hat man eingesetzt zum Schutzdamm für den Armen:
Verhindere, daß er ertrinkt!
Du bist doch vielmehr dessen See, der fortspült!‹

Da kam nun der Bauer, um ihn zum sechsten Male anzuflehen.

[1] Eine uns heute unbekannte Fischart im Nil.

Er sprach:
›Oh, Obergüterverwalter, mein Herr!
Wer die Lüge verringert, begünstigt die Wahrheit.
Wer das Gute begünstigt, vertilgt das Böse,
so wie die Sattheit dem Hunger ein Ende macht,
die Kleidung der Nacktheit ein Ende macht,
so wie der Himmel heiter wird nach dem starken Sturm,
auf daß er erwärme alle Frierenden,
so wie das Feuer das Rohe kocht,
so wie das Wasser den Durst löscht.

Schau dich um!
Der Schlichter ist ein Räuber.
Der Ruhewächter ist ein Störenfried.
Der Besänftigende ist ein Quäler, und
der Schwindler verkleinert das Recht.
Fülle gut, ohne zu schmuggeln, auf daß nicht das Recht überläuft!

Mache es doch so:
Wenn du etwas zustande bringst,
dann gib auch deinem Nächsten ab!
Denn ein Tratscher ist ohne Aufrichtigkeit;
ein Jammernder verleitet zur Trennung;
ein Tadelnder führt zum Ablassen, noch ehe man weiß, was im Herzen war.

Sei nicht träge, wenn du Anklage erheben willst und wenn du urteilst. Wer fügt einen Peilstab zusammen?
Schau, der frei bewegliche Stab ist auseinandergebrochen, und ein Wasserfall geschieht.

Wenn ein Schiff einläuft, entleert man es, und je eine

Hälfte der für dich bestimmten Ladung wird man dir an jedem Ufer entnehmen.

Man weiß: Du bist unterrichtet, geschickt und vollkommen – doch nicht zum Rauben!
Du sollst ein Vorbild sein für alle Leute, doch deine Umgebung ist verdorben.
Wer aufrichtig zu allen Leuten sein sollte, ist ein Schwindler für das ganze Land.

Der Gärtner der Bosheit bewässert seinen Garten mit Sünde, um seinen Garten in Sünde umzugestalten und um Unglück über das Landstück zu gießen.‹

Da kam nun der Bauer, um ihn zum siebten Male anzuflehen.
Er sprach:
›Oh, Obergüterverwalter, mein Herr!
Du bist das Steuerruder des ganzen Landes, auf dessen Befehl hin das Land segelt.
Du bist der Kamerad des Thot, der richtet, ohne parteiisch zu sein.
Oh, Herr, gestatte, daß dich ein Mann anruft in seinem Rechtsfall!

Sei nicht ungehalten, denn das ist nichts für dich!
Der Umsichtige wird zu einem Besorgten.

Brüte nicht darüber, was noch nicht eingetroffen ist!
Frohlocke nicht darüber, was noch nicht geschehen ist!

Der Geduldige zieht mit Freundlichkeit in die Länge, und er löst einen geschehenen Fall, noch ehe man die Gedanken erkannt hat.

Wer das Gesetz umstößt, tilgt die Rechtschaffenheit.
Nicht lebt der Arme, den er beraubt hat;
nicht grüßt ihn die Wahrheit.

Mein Inneres aber ist erfüllt und mein Herz beladen;
es tritt hervor aus meinem Innern infolge seines Zustandes.
Ein Bruch ist in dem Damm, und sein Wasser eilt dahin.
Mein Mund ist offen, um zu sprechen.
Nun habe ich meinen Damm geöffnet, und ich habe mein Wasser entleert.
Ich habe entleert, was in meinem Leibe war.
Ich habe meine Wäsche gewaschen.

Meine Rede ist geschehen, mein Elend ist vor dir vollendet.
Was ist deine Absicht?

Deine Trägheit wird sich an dir rächen!
Deine Habgier wird dich verdummen!
Deine Gier wird dir Feinde verschaffen!

Willst du aber etwa einen anderen Bauern wie mich finden?
Wird etwa ein Faulpelz, der da bettelt, an der Tür seines Hauses stehen?

Nicht wird der schweigen, den du zum Reden gebracht hast.
Nicht wird der schlafen, den du aufgeweckt hast.
Nicht werden die Gemüter niedergeschlagen sein, die du erheitert hast.
Nicht wird der Mund verschlossen sein, den du geöffnet hast.
Nicht wird der unwissend sein, den du wissend gemacht hast.

Nicht wird dumm sein, den du unterrichtet hast.

Das sind solche, die das Böse vertreiben.
Das sind Beamte, die jede gute Art haben.
Das sind Künstler, die Dagewesenes wiedererschaffen,
die einen abgeschnittenen Kopf wieder ansetzen[1].‹

Da kam nun der Bauer, um ihn zum achten Male anzuflehen.
Er sprach:
›Oh, Obergüterverwalter, mein Herr!
Man strauchelt aus Habgier, und der Gierige ist erfolglos;
doch er hat Erfolg im Mißlingen.

Dein Herz ist habgierig, und das ist nichts für dich.
Du raubst, und das nützt dir nichts, der du doch einen Mann eintreten läßt für seine gute Rechtssache.
Dein Bedarf ist in deinem Hause: Dein Leib ist voll, das Korn quillt und läuft über, und sein Überschuß verdirbt am Boden.

Diebe, Räuber und Stehler sind die Beamten,
die man eingesetzt hat, um gegen das Unrecht vorzugehen.
Eine Zuflucht sind sie, die Beamten, für den Unverschämten,
die man eingesetzt hat, um gegen die Lüge vorzugehen.

Nicht ließ die Furcht vor dir zu, daß ich dich anflehe.
Nicht hast du mein Herz erkannt. Der Schweigsame, der sich umwendet, um seine Klagen vorzutragen, fürchtet sich nicht, sich damit an dich zu wenden.

[1] Anspielung auf die Zauberkünste des Dedi. (Siehe S. 17)

Nicht wurde sein Bruder zu dir geholt mitten von der Straße.

Deine Ländereien sind auf dem Felde.
Dein Lohn ist auf dem Landgut.
Deine Einkünfte sind auf dem Speicher.

Derweil geben die Beamten dir ‹noch›, während du nimmst. Bist du etwa doch ein Räuber?
Man bringt dir ‹noch›, während Mannschaften bei dir sind, um die Ländereien aufzuteilen.

Übe Gerechtigkeit für den Herrn der Gerechtigkeit, dessen Gerechtigkeit die Gerechtigkeit ist!
Du Schreibrohr, Papyrusrolle und Palette des Thot, hüte dich vor dem Übeltun!
Oh, Guter, du bist gut!
Oh, Guter, du bist wahrhaft gut!

Aber die Gerechtigkeit währt bis in Ewigkeit.
Sie steigt mit dem, der sie ausübt, hinab in das Totenreich, und er wird bestattet und mit ihr begraben.
Nicht löscht man seinen Namen aus auf Erden, vielmehr gedenkt man seiner wegen des Guten – das ist die Richtschnur der Gottesworte.

War es ‹nun› eine Handwaage, so senkte sie sich nicht.
War es eine Standwaage, so neigte sie sich nicht auf eine Seite.

Ob ich nun kommen werde oder ob ein anderer kommen wird, so sprich doch! Nicht sollst du antworten mit der

Sprache eines Schweigenden. Greife nicht den an, der dich nicht angegriffen hat.

Nicht bist du barmherzig.
Nicht bist du besorgt.
Nicht richtest du zugrunde.
Nicht gibst du mir Vergeltung für dieses schöne Wort, das aus dem Munde des Gottes Re[1] kommt:
›Sage die Wahrheit und tue die Wahrheit, da sie groß, gewaltig und bleibend ist. Dann wird ihre Zuverlässigkeit dir begegnen, auf daß sie zur Seligkeit führe.

Wenn eine Handwaage sich senkt – ihre Waagschalen sind es, die die Dinge wiegen –, dann entsteht kein richtiges Ergebnis. Nicht eine schlechte Tat erreicht das Ziel. Auch der Letzte wird begraben werden.‹

Da kam nun der Bauer, um ihn zum neunten Male anzuflehen.
Er sprach:
›Oh, Obergüterverwalter, mein Herr!
Die Standwaage der Menschen ist ihre Zunge,
und die Handwaage prüft den Rest.
Füge dem Strafe zu, der bestraft werden muß,
denn man vergleicht das Recht mit dir.

[Wenn] die Lüge [fortgeht], dann kehrt die Wahrheit wieder an den rechten Platz zurück . . .
Wenn die Lüge geht, dann verirrt sie sich, denn sie kann nicht mit der Fähre übersetzen.

[1] Der Sonnengott Re gilt als Schöpfer und Bewahrer der Welt.

Wer mit ihr reich wird, der hat keine Kinder und der hat keine Erben auf Erden.
Wer mit ihr fährt, der erreicht nicht das Land, und dessen Schiff kann nicht am Ufer landen.

Sei nicht schwer, zumal du nicht leicht bist!
Sei nicht langsam, zumal du nicht schnell bist!
Schreie nicht!
Höre nicht auf das Herz!
Verbirg nicht dein Gesicht vor dem, den du kennst!
Mache nicht blind dein Gesicht vor dem, den du siehst!
Verstoße nicht den, der sich an dich wendet, sondern laß dich ein!
Sei nun nicht träge und verkünde deinen Spruch!
Und tue es, wenn du es tun willst!
Höre doch nicht auf jedermanns ›Ein Mann wird vorstellig in seinem Rechtsfall‹!

Es gibt kein Gestern für den Trägen.
Es gibt keinen Freund für den, der taub ist für die Wahrheit.
Es gibt keinen frohen Tag für den Habgierigen.

Der Angeklagte wird zu einem Unglücklichen,
der Unglückliche zu einem Bettelnden.
Der Feind wird zu einem Getöteten.
Siehe, ich flehe dich an, aber du kannst es nicht hören.
So will ich fortgehen, damit ich deinetwegen den Anubis[1] anflehe.‹

[1] Schakalköpfiger Totengott, der den Verstorbenen einbalsamiert.

Da ließ der Obergüterverwalter Rensi, der Sohn des Meru, zwei Diener loslaufen, um ihn zurückzuholen. Da fürchtete sich der Bauer, denn er meinte, es geschehe, um ihn zu bestrafen für diese Rede, die er gesagt hatte.

Da sprach der Bauer:
Das Verlangen eines Dürstenden ist Wasser;
das Saugen eines Säuglings ist Milch.
[Doch] was er sich zu sehen erhoffte, das ist nicht gekommen.
So kommt zögernd sein Tod zu ihm.‹

Da sprach der Obergüterverwalter Rensi, der Sohn des Meru:
›Fürchte dich nicht, Bauer! Siehe, du sollst doch bei mir bleiben!‹

Da leistete der Bauer den Eid:
›Fürwahr, ich will von deinem Brot essen
und will wahrlich [von] deinem [Bier] trinken bis in die Ewigkeit!‹

Der Obergüterverwalter Rensi, der Sohn des Meru, sagte:
›Verweile doch hier, daß du deine Klagen hören kannst!‹

Da ließ er [dessen Klagen] auf einer Papyrusrolle [holen], jede Klage [ihrem] Tage entsprechend. Dann schickte der Obergüterverwalter Rensi, der Sohn des Meru, zu der Majestät des Königs von Ober- und Unterägypten, Nebkaure – selig. Das war erfreulicher für das Herz [Seiner Majestät] als alle Dinge, die es in diesem ganzen Lande gab.

Da sprach [Seine Majestät]:
›Entscheide du selbst, Sohn des Meru!‹

Darauf ließ [der Obergüterverwalter] Rensi, der Sohn des Meru, zwei Diener fortgehen, um [ihn[1] zu holen]. Man machte eine Aufstellung über [seine ganze Ausstattung und all seine Habe. Er hatte auch] seine [Diener], sechs an der Zahl, fer[ner reichlich Nahrungsmittel], seine Gerste, seinen Spelt, [seine] Esel, seine Schweine [und sonstiges Klein]vieh. [Auch die Habe] dieses Thot-Nacht [wurde dem] Bauern [vermacht].«

[1] Den Thot-Nacht holte man.

Der Schiffbrüchige und die Schlange

Der Schiffbrüchige und die Schlange

Dieses Märchen stammt aus dem Mittleren Reich, d. h. aus der 12. Dynastie um 2000 v. Chr. Der in hieratischer Schrift abgefaßte Text blieb uns in einer Papyrusrolle erhalten. Leider ist aber der Fundort dieser Handschrift bis heute unbekannt geblieben. Wir wissen lediglich, daß sie irgendwie nach Leningrad gelangt ist; denn dort hat sie W. Golénischeff in der Eremitage entdeckt und erstmals im Jahre 1912 publiziert: W. Golénischeff, Le conte du naufragé (Bibliothèque d'étude 2), Kairo 1912. Unserer Übersetzung liegt die Veröffentlichung von A. M. Blackman, Middle-Egyptian Stories, Bibliotheca Aegyptiaca II, Bruxelles 1972, S. 41–48, zugrunde.

Der Anfang unseres Märchens ist nicht mehr erhalten. Der jetzt noch vorhandene Text beginnt mit den Worten »Und da sagte der tüchtige Begleiter: . . .« (siehe Abschnitt 2 der nachstehenden Geschichte). Das vorliegende Märchen ist eine geschachtelte Geschichte. Sie berichtet von einem vornehmen ägyptischen Expeditionsleiter, der von einem erfolglosen Unternehmen zurückkehrt und nun nicht recht weiß, was er seinem König erzählen soll. In dieser trostlosen Lage erhält er Zuspruch von einem Mitreisenden, der selbst einmal in einer ähnlichen hoffnungslosen Situation war. Dieser berichtet von seiner damals wunderbaren Rettung, die sicherlich auch jetzt wieder eintreten wird. Doch unseren vornehmen Expeditionsleiter kann all das nicht aufmuntern; er bleibt voller Resignation.

Es war einmal ein angesehener Fürst, den der König von Ägypten auf die Reise gen Süden weit nach Nubien[1] hineingeschickt hatte. Diese Reise brachte aber nicht den erwarteten Erfolg. Bei seiner Heimkehr machte sich der Fürst arge Gedanken, ja Vorwürfe, und er wußte nicht recht, was er seinem König eigentlich berichten sollte. Einer seiner Begleiter versuchte, ihm in dieser mißlichen Lage beizustehen; er machte ihm Mut und munterte ihn auf.

»Und da sagte der tüchtige Begleiter: ›Freue dich, Fürst! Schau, wir haben die Heimat wieder erreicht. Man packt schon den Schlägel an und schlägt den Pflock ein, nachdem die Vorleine an Land gebracht ist. Man preist und dankt Gott, und jeder umarmt den anderen. Unsere Mannschaft ist heil zurückgekehrt; keinen Verlust gab es bei unserer Truppe. Wir haben die Grenze von Nubien erreicht und sind an der Insel Bigge[2] vorbeigekommen. Siehe, wir sind glücklich heimgekehrt, und unser Land haben wir wieder erreicht. Höre doch auf mich, oh, Fürst! Ich bin einer, der frei ist von Aufschneiderei. Wasche dich und gieße Wasser auf deine Finger! Und was man dich fragt, das beantworte! Sprich beherzt zum König und antworte, ohne zu stottern! Denn der Mund des Menschen kann ihn erretten und seine Rede ihm Nachsicht einbringen. Aber du tust, was du willst! Es macht müde, dir zuzureden.

[1] Nubien erstreckte sich damals von der ersten bis zur zweiten Stromschnelle des Nils, d. h. von Assuan im Norden bis Wadi Halfa im Süden. Heute ist der kleine Ort Wadi Halfa Grenzstation zwischen Ägypten und dem Sudan.

[2] Bigge liegt inmitten des Nils im Süden des 1. Kataraktes neben der heute in den Nilfluten versunkenen Insel Philae. Man kann Bigge z. Z. am besten mit dem Motorboot vom alten Assuanstaudamm aus in etwa 10 Minuten erreichen.

Ich erzähle dir lieber etwas Ähnliches, das mir selbst passiert ist:

Ich zog zum Bergwerk[1] des Königs und begab mich auf das Meer in einem Schiff von einhundertundzwanzig Ellen Länge und vierzig Ellen Breite[2]. Einhundertundzwanzig Matrosen waren in ihm von den Besten Ägyptens. Sie beobachteten den Himmel, sie beobachteten das Land, und sie waren beherzter als Löwen. Sie sagten einen Sturm vorher, noch ehe er aufkam, ein Unwetter, bevor es entstand. Der Sturm kam auf, als wir auf dem Meer waren. Bevor wir das Land erreichten, wurden wir vom Sturm abgetrieben. Er kam wieder und mit ihm eine Welle von acht Ellen. Sie schlug mir die Takelage ab; und das Schiff ging unter. Von denen, die in ihm waren, blieb nicht einer übrig. Ich wurde auf eine Insel[3] geworfen von einer Woge des Meeres. Ich verbrachte drei Tage, und ich war allein, und mein Herz war mein Genosse. Ich lag im Innern eines Versteckes aus Holz, denn ich verlangte nach Schatten. Da machte ich mich auf die Beine, um zu erkunden, was ich essen könnte. Ich fand Feigen und Weintrauben und jegliches herrliche Kraut. Unreife Sykomorenfrüchte waren dort und geritzte[4] sowie Gurken, wie geschaffen für mich. Fische gab es da und Vögel. Es war nichts, das es nicht in ihrem Innern gab. Da sättigte ich mich. Ich legte mich auf die Erde, weil es viel war auf meinen beiden Armen. Ich nahm einen Feuerbohrer und machte Feuer. Ich bereitete ein Brandopfer[5] für die Götter.

[1] Gemeint sind hier wahrscheinlich die Kupferminen auf der Halbinsel Sinai.

[2] 60 m lang und 20 m breit.

[3] Der Name dieser Insel wird leider nicht genannt. Sie liegt offenbar in der Nähe des damaligen Punt. Das Weihrauchland Punt an der afrikanischen Küste des Roten Meeres entspricht etwa dem Gebiet des heutigen Suakin, einer Kleinstadt ca. 80 km südlich der Hafenstadt Port Sudan.

[4] Geritzte Sykomorenfrüchte sind reif, ungeritzte noch unreif.

[5] Er verbrannte also gewisse Opfergaben, um die Götter zu verehren.

Da hörte ich das Brausen eines Sturmes. Ich dachte, es sei dies eine Woge des Meeres. Die Bäume zerbrachen, das Land erbebte. Ich enthüllte mein Angesicht und fand, es war dies eine Schlange, die näher kam. Sie war dreißig Ellen lang (= 15 m). Und dann ihr Bart: Er war länger als zwei Ellen (= 1 m). Ihr Leib war mit Gold überzogen. Ihre beiden Augenbrauen waren aus echtem Lapislazuli[1]. Sie krümmte sich vorwärts.

Da öffnete sie ihren Mund, während ich auf meinem Bauche vor ihr lag. Sie sagte zu mir: ›Wer war es, der dich gebracht hat, wer war es, der dich gebracht hat, du Wicht? Wer war es, der dich gebracht hat? Wenn du zögerst, mir den zu nennen, der dich auf diese Insel gebracht hat, dann werde ich dafür sorgen, daß du dich kennenlernst, wie du Asche bist und wie du zu etwas wirst, was man nicht mehr sehen kann.‹

[Ich sagte:] ›Du redest zu mir, und ich höre es nicht. Ich bin vor dir, und ich kenne mich nicht.‹

Da nahm sie mich in ihr Maul und schleppte mich zu ihrer Wohnstätte. Sie legte mich hin, ohne mir etwas anzutun. Ich war heil, ohne daß sie etwas von mir nahm. Sie öffnete ihr Maul, während ich auf dem Bauche vor ihr lag. Sie sprach zu mir: ›Wer war es, der dich gebracht hat, wer war es, der dich gebracht hat, du Wicht? Wer war es, der dich auf diese Insel des Meeres gebracht hat, deren beide Seiten in der Flut sind?‹

[1] Lapislazuli ist ein blaugrüner Halbedelstein, den die Ägypter gerne für Einlegearbeiten verwendeten.

Da antwortete ich ihr, und meine beiden Arme waren vor ihr gebeugt. Ich sprach zu ihr[2]: ›Ich zog zum Bergwerk als Bote des Königs in einem Schiff von einhundertundzwanzig Ellen Länge und vierzig Ellen Breite. Einhundertundzwanzig Matrosen waren in ihm von den Besten Ägyptens. Sie beobachteten den Himmel, sie beobachteten das Land, und sie waren beherzter als Löwen. Sie sagten einen Sturm vorher, noch ehe er aufkam, ein Unwetter, bevor es entstand. Ein jeder von ihnen war beherzter und stärker als der andere. Es gab keinen Versager unter ihnen!

Der Sturm kam auf, als wir auf dem Meere waren. Bevor wir das Land erreichten, wurden wir vom Sturm abgetrieben. Er kam wieder und mit ihm eine Welle von acht Ellen. Es war die Takelage, die sie mir abschlug; und da ging das Schiff unter. Von denen, die in ihm waren, blieb nicht einer übrig außer mir, denn ich war neben dir. Da wurde ich auf diese Insel geworfen von einer Woge des Meeres.‹

Sie sprach zu mir: ›Fürchte dich nicht, fürchte dich nicht, du Wicht! Nicht soll dein Gesicht erblassen! Du hast mich erreicht! Siehe, Gott hat dich leben lassen; er brachte dich an diese Insel der Lebenskraft. Es ist nichts, das es nicht gibt in ihrem Innern, und sie ist angefüllt mit jeglicher Schönheit. Siehe, du wirst verbringen Monat auf Monat, bis du vier Monate vollendet hast im Innern dieser Insel. Dann wird ein Schiff kommen aus der Heimat. Matrosen werden in ihm sein, die du kennst. Du wirst mit ihnen in die Heimat gehen; du wirst in deiner Stadt sterben.

[1] Von hier an wiederholt sich fast wörtlich die Einleitung der uns vorliegenden Schachtelgeschichte.

Wie freut man sich, erzählen zu können, was man erlebt hat, wenn das Übel vorübergegangen ist. Ich will dir etwas Ähnliches erzählen von dem, was auf dieser Insel geschehen ist:

Ich war auf ihr mit meinen Geschwistern, und Kinder waren unter ihnen. Wir waren zusammen fünfundsiebzig Schlangen an Kindern und Geschwistern. Nicht will ich vor dir gedenken der kleinen Tochter, die mir geschenkt wurde auf das Gebet hin. Da fiel ein Stern herab, und durch ihn kamen diese im Feuer um. Ich blieb deshalb übrig, weil ich nicht bei denen war, die verbrannten, und ich nicht unter ihnen war. Ich wäre fast ihretwegen gestorben, als ich sie wie einen einzigen Leichenhaufen vorfand.

Wenn du stark bist, dann bezwinge dein Herz! Du wirst umarmen deine Kinder, du wirst küssen deine Frau, du wirst sehen dein Haus. Schöner ist das als alle Habe! Du wirst die Heimat erreichen, du wirst in ihr sein inmitten deiner Geschwister.‹

Da lag ich ausgestreckt auf meinem Bauch, und ich berührte den Boden vor ihr. Da sprach ich zu ihr: ›Ich werde dem Herrscher von deiner Stärke erzählen. Ich werde veranlassen, daß er deine Größe erfährt. Ich werde veranlassen, daß man dir bringt Salbe, Salböl, Weihrauch, Räucherwerk und Weihrauch für die Tempel, womit jeder Gott zufriedengestellt ist. Ich werde das Ereignis berichten, und mein Sinn wird gerichtet sein auf das, was ich gesehen habe, nämlich auf deine Stärke. Man dankt dir in der Stadt vor dem Richterkollegium des ganzen Landes. Ich werde dir Ochsen schlachten, um Brandopfer zu machen. Ich werde für dich den Vögeln den Hals abschneiden[1]. Ich

[1] Er will die Vögel opfern.

werde veranlassen, daß man dir Schiffe bringt, beladen mit jeglichem Reichtum Ägyptens, wie es von einem Gotte gemacht wird, der die Menschen liebt in einem fernen Lande, das die Menschen nicht kennen.‹

Da lachte sie über mich und über das, was ich nach ihrer Meinung Törichtes gesagt hatte, und sie sagte zu mir: ›Du hast nicht viele Myrrhen, weil du nur der Herrscher des Weihrauchs bist. Ich aber bin der Herrscher von Punt. Myrrhen sind für mich darin und jenes Salböl, von dem du gesagt hast, daß man es bringt; das ist reichlich auf dieser Insel. Es wird geschehen, daß du dich von diesem Sitz trennst. Niemals wirst du diese Insel wiedersehen, die wieder zu Wasser wird.‹

Da kam jenes Schiff, wie sie vorhergesagt hatte. Ich ging und stieg auf einen hohen Baum. Ich erkannte diejenigen, die an Bord waren. Da ging ich, um es zu berichten. Ich fand heraus, daß sie es wußte. Da sagte sie zu mir: ›Komm gesund, komm gesund, du Wicht, nach Hause! Du wirst deine Kinder sehen. Lasse meinen Namen schön sein in deiner Stadt! Siehe, dies ist mein Wunsch an dich.‹

Da legte ich mich auf meinen Bauch, und meine Arme waren gebeugt vor ihr. Sie gab mir eine Ladung von Myrrhen sowie Salböl, Weihrauch, Räucherwerk, Wohlgeruch, Schminke, Schwänze von Giraffen, große Mengen von Weihrauch, Zähne von Elefanten, Windhunde, Meerkatzen, Paviane und jeglichen schönen Reichtum. Da lud ich es auf dieses Schiff. Dann legte ich mich auf meinen Bauch, um ihr zu danken.

Da sprach sie zu mir: ›Siehe, du wirst in die Heimat gelangen in zwei Monaten. Du wirst deine Kinder umarmen. Du wirst jung werden im Innern deines Sarges[1].‹

Da stieg ich hinab zum Ufer in die Nähe dieses Schiffes. Ich rief die Soldaten an, die in diesem Schiff waren. Am Ufer gab ich Lobpreis dem Herrn dieser Insel. Diejenigen, die an Bord waren, taten es ebenso.

Wir fuhren nach Norden zur Residenz des Herrschers. Wir gelangten in zwei Monaten in die Heimat, wie sie alles vorhergesagt hatte. Da trat ich ein beim Herrscher. Ich sandte ihm diese Gabe, die ich herausgeholt hatte aus dieser Insel. Er dankte mir vor dem Richterkollegium des ganzen Landes. Ich wurde eingesetzt als sein Gefolgsmann, und ich war belehnt mit Leuten.

Siehe mich an, ich habe angelegt an Land, ich habe gesehen, was ich erlebt habe. Höre auf mein Wort, denn gut ist das Hören für die Menschen!‹

Da sagte er zu mir: ›Mach dir keine Mühe, mein Freund! Wer gibt einem Vogel beim Hellwerden Wasser, den er am Morgen schlachten wird[2]?‹

Es kam von Anfang bis Ende so, wie es vorgefunden wurde in der Handschriftenrolle. Geschrieben hat es der fingerfertige Schreiber Ameno, Sohn des Amuni – er möge leben, heil und gesund sein!«

[1] Er wird also einbalsamiert, damit er auch wirklich im Jenseits weiterleben kann.

[2] Hier ist die Geschichte zu Ende. Der Schreiber, der sie von einer anderen Handschrift abgeschrieben hat, bringt noch den nachfolgenden Vermerk.

Sinuhe, der Ägypter

Sinuhe, der Ägypter

Der Held unserer Geschichte, Sinuhe, nimmt im Mittleren Reich in den letzten Regierungsjahren des Königs Amenemhet I. (12. Dynastie, 1991–1971 v. Chr.) an einem Feldzug teil. Als Sinuhe von der Ermordung des Königs erfährt, glaubt er sich als Mitwisser schuldig; er flieht nach Syrien. Dort gelingt ihm der Aufstieg zum Stammesfürsten. Doch je mehr sich sein Leben dem Ende neigt, desto sehnlicher wünscht er sich, die Heimat wiederzusehen. Mittlerweile hat der neue König Sesostris I. (1971–1929 v. Chr.), ein Sohn von Amenemhet I., vom Aufenthaltsort des Sinuhe erfahren. Er bittet ihn schriftlich um Rückkehr an den Königshof. Sinuhe kehrt heim und erhält ein Haus mit Dienern und ein prächtiges Grab.

Ob sich diese Geschichte wirklich zugetragen hat, ist noch umstritten. Sicher aber ist, daß die ältesten Handschriften mit dem Text dieser Erzählung bereits in das Ende des Mittleren Reiches datieren. Sie wurden noch in einer Zeit verfaßt, in der die Ereignisse nicht allzuweit vom Zeitpunkt der Niederschrift entfernt lagen.

Der weitverbreitete Text unserer Geschichte wurde bereits im Jahre 1863 von Chabas entdeckt. Die wichtigsten – weil vollständigsten – Papyrushandschriften aus dem Mittleren Reich werden heute in Berlin aufbewahrt (Pap. 10499 [R] und 3022 [B]). Wir kennen den Text aber auch von Tonscherben, sogenannten Ostraca her sowie aus Zitaten in Inschriften des Neuen Reiches.

Der Hieroglyphentext der nachfolgenden Erzählung wurde zuletzt veröffentlicht von A. M. Blackman, Middle-Egyptian Stories, Bibliotheca Aegyptiaca II, Bruxelles 1972, S. 1–41.

»Der Fürst und Graf, Siegelbewahrer des Königs und einziger Freund, Richter und Bezirksleiter des Herrschers – er lebe, sei heil und gesund – in den Ländern der Asiaten, der wirkliche Bekannte des Königs, den er liebt, der Gefolgsmann Sinuhe, er sagt:

›Ich war ein Gefolgsmann, der seinem Herrn folgte, ein Diener des königlichen Harems der hochgepriesenen Fürstin, der Gemahlin des Königs Sesostris[1] – selig – in Chnem-Isut[2], und Tochter des Königs Amenemhet in Ka-Nofru[3], Nofru – der Ehrwürdigen.

Im dreißigsten Regierungsjahr, im dritten Monat der Überschwemmungszeit[4], am siebten Tage stieg der Gott empor zu seinem Horizont[5]; der König Sehetepibre[6] wurde zum Himmel entrückt und vereinte sich mit der Sonne. Der Leib Gottes war vermischt mit dem, der ihn schuf. Die Residenz war in Schweigen, die Herzen in Trauer, die großen Tore verschlossen, die Hofleute mit dem Kopf auf den Knien, und das Volk jammerte.

Seine Majestät hatte aber ein Heer ausgesandt in das Land der Temehu[7]; dessen Befehlshaber war sein Sohn, der gute

[1] Sesostris I. regiert von 1971–1929 v. Chr. Er residierte in der neuen Hauptstadt Itjtowi (südlich von Memphis).
[2] Name der Pyramide von Sesostris I. in Lischt.
[3] Name der Pyramide von Amenemhet I. (1991–1971 v. Chr.) in Lischt.
[4] Ende Juni bis Oktober.
[5] Der Verstorbene steigt auf zum Himmel.
[6] Vorname des Königs Amenemhet I.
[7] Ein Volksstamm in Libyen.

Gott Sesostris. Er war abgeschickt worden, um die Fremdländer zu schlagen und die Tehenu[1] niederzuwerfen. Jetzt aber kehrte er zurück, nachdem er Gefangene von den Tehenu geholt hatte sowie allerlei Viehherden ohne Zahl.

Die Beamten des Palastes entsandten nach Westen, um den Königssohn die Lage wissen zu lassen, die sich am Hofe ergeben hatte. Die Boten trafen ihn auf dem Wege; sie hatten ihn zur Abendzeit erreicht. Er zögerte keinen Augenblick, und der Falke flog davon mit seinem Gefolge, ohne es seinem Heere mitgeteilt zu haben.

Auch war zu den ‹anderen› Königskindern gesandt worden, die ihm in diesem Heere unterstanden. Man rief einem von ihnen zu, als ich dastand, und ich hörte seine Stimme, wie er sprach, als ich nicht weit entfernt war. Mein Herz raste, meine Arme fielen herab, und ein Zittern befiel alle meine Glieder. Ich entfernte mich und sprang auf, um mir ein Versteck zu suchen. Ich begab mich zwischen zwei Büsche, um mich zu trennen vom Wege und denen, die ihn begehen.

Ich machte mich auf den Weg gen Süden, beabsichtigte ‹aber› nicht, zu der Residenz zu gelangen. Denn ich ahnte, daß es einen Aufstand geben würde. Ich glaubte nicht, diesen zu überleben. Ich fuhr über den Maati-Kanal in der Nähe von Gizeh[2] und landete bei der Snofru-Insel[3]. Den Tag verbrachte ich dort am Feldesrand. Ich brach früh auf, als es Tag wurde, und ich traf einen Mann, der am Weges-

[1] Ein anderer Volksstamm in Libyen.
[2] Heute Vorort von Kairo, liegt 8 km vom Zentrum entfernt in südwestlicher Richtung.
[3] Liegt bei dem heutigen Dahschur.

rand stand. Er begrüßte mich ehrfurchtsvoll, zumal er sich fürchtete. Als die Zeit des Abendessens kam, gelangte ich zu der Ortschaft der Stiere[1].

Ich trieb hinüber in einem Kahn, der kein Ruder hatte, dank der Stärke des Westwindes. Ich ging vorbei an der Ostseite des Steinbruchs oberhalb der ›Herrin des Roten Berges‹[2]. Ich richtete meine Schritte nach Norden und stieß auf die ›Mauern des Herrschers‹[3], die aufgerichtet wurden, um die Asiaten abzuhalten und um die Sandläufer[4] niederzutreten. Ich kauerte mich nieder in einem Busch aus Furcht, gesehen zu werden von dem Wächter, der auf der Mauer seinen Dienst hat.

Ich ging weiter zur Zeit des Abends, und als das Land hell wurde, erreichte ich Peten[5]. Ich ließ mich nieder auf einer Insel des Großen Bittersees. Da überkam mich Durst und ich verschmachtete; meine Kehle war stauberfüllt. Ich glaubte, dies sei der Vorgeschmack des Todes. Ich erhob mein Herz und raffte meine Glieder zusammen, als ich das Brüllen einer Viehherde hörte und Asiaten erblickte. Ihr Anführer erkannte mich, denn er war in Ägypten gewesen. Da gab er mir Wasser, und er kochte mir Milch. Ich ging mit ihm zu seinem Stamm, und das, was sie taten, war schön.

Ein Land gab mich an das andere. Ich brach auf nach Byblos und näherte mich dem Ostland. Ich verbrachte

[1] Unbekannter Ort, vielleicht bei Memphis gelegen.
[2] Der heute noch bekannte »Rote Berg« (Gebel Ahmar) östlich von Kairo.
[3] Befestigungsanlagen an der Grenze Ägyptens beim heutigen Suezkanal.
[4] Bezeichnung für die Beduinen.
[5] In der Nähe des Großen Bittersees.

dort ein halbes Jahr. Da holte mich Ammunenschi, der Herrscher des oberen Retenu[1]; und er sprach zu mir: ›Du sollst es gut haben bei mir, und du sollst die Sprache Ägyptens hören!‹

Er sagte dies, weil er meinen guten Ruf kannte, denn er hatte von meinem Wissen gehört. Ägypter berichteten über mich, die dort bei ihm waren.

Da sprach er zu mir: ›Wie bist du in diese Lage gekommen? Ist etwas in der Residenz geschehen?‹

Da sagte ich zu ihm: ›Der König Sehetepibre – selig – ist zum Horizont gegangen; man weiß nicht, was danach geschieht.‹ Und ich sagte nur halbwahr: ›Als ich mit meinem Heer zurückkehrte aus dem Lande der Temehu, wurde mir Bericht erstattet.

Mein Herz wurde schwach,
mein Sinn war nicht glücklich in meinem Leibe,
und er schickte mich auf die Flucht.

Nicht redete man über mich.
Nicht spuckte man mich an.
Nicht hörte ich ein schlechtes Wort,
und nicht hörte man meinen Namen aus dem Munde eines Herolds.
Nicht weiß ich, was mich in dieses Land geführt hat.

Es ist wie eine Absicht Gottes, wie wenn sich ein Mann des Deltas in Elephantine sieht oder ein Mann der Sümpfe in Nubien.‹

[1] Etwa das Palästina in der Zeit des Alten Testamentes.

Da sagte er zu mir: ›Wie ist nun jenes Land ohne ihn, jenen trefflichen Gott, dessen Furcht überall im Lande ist wie die Sachmet[1] im Jahre der Pest?‹

Und ich sprach zu ihm und antwortete ihm: ›Sein Sohn ist doch in den Palast eingetreten und nahm sich das Erbe seines Vaters.
Ein Gott ist er ohne seinesgleichen,
und es gibt keinen, der ihn übertrifft.
Ein Weiser ist er, vortrefflich an Plänen, trefflich an Befehlen. Man zieht aus und kommt zurück auf seinen Befehl.

Er war es, der die Fremdländer bezwang, als sein Vater in seinem Palaste war.
Er meldete, daß das, was er bestimmt hatte, geschehen sei.

Ein Starker ist er, der mit seinem Arme wirkt,
ein Kämpfer, der nicht seinesgleichen hat.
Man sieht ihn, wie er gegen die Bogenvölker hinabzieht und auf die Feinde trifft.
Einer, der das Horn niederbeugt, ist er und der die Hände matt macht;
nicht können seine Feinde ihre Reihen ordnen.
Einer, der den Mut kühlt, ist er und der die Scheitel spaltet;
nicht kann man standhalten in seiner Nähe.
Einer, der weit ausschreitet, ist er, wenn er den Fliehenden hinstrecken kann;
nicht gelangt ans Ziel, wer ihm den Rücken kehrt.

[1] Die verderbenbringende Göttin Sachmet sendet den Menschen Krankheit und Pest.

Einer mit standhaftem Herzen ist er im Augenblick des Zurücktreibens.
Einer, der sich zuwendet, ist er;
nicht gibt er seinen Rücken hin.
Einer mit tapferem Herzen ist er, wenn er die Menschenmassen erblickt;
nicht schenkt er seinem Herzen Ruhe.
Ein Unerschrockener ist er, wenn er die Menge erblickt,
und er freut sich, wenn er gegen die Bogenvölker hinabzieht.
Er nimmt seinen Schild, und er trampelt nieder;
nicht noch einmal setzt er an, wenn er tötet.
Niemand entgeht seinem Pfeil, niemand spannt seinen Bogen.
Die Bogenvölker fliehen vor ihm wie vor der Macht der Kronenschlange.
Er kämpft, und nicht kennt er ein Ende.
Nicht verweilt er, und nichts bleibt übrig.

Ein Liebenswerter ist er, groß an Gefälligkeit.
Er gewinnt durch Liebe, und seine Stadt liebt ihn mehr als sich selbst.
Sie bejubelt ihn mehr als ihren Gott.
Männer und Frauen gehen vorüber und jubeln über ihn, denn er ist König.
Er eroberte ‹schon› im Mutterleib, und sein Sinn ist darauf aus, seit er geboren ist.
Einer, der seine Generation vermehrt, ist er.
Der eine ist er, den Gott gegeben hat!

Wie freut sich dieses Land, das er beherrscht!
Einer, der seine Grenzen erweitert, ist er.
Er wird erobern die südlichen Länder,

und nicht denkt er an die nördlichen Länder.
Er wurde geschaffen, um die Asiaten zu schlagen und um die Sandläufer niederzutreten.

Sende zu ihm und laß ihn deinen Namen wissen!
Sage nichts Unrechtes gegen Seine Majestät!
Fürwahr tut er einem Lande Gutes, das in seinem Kielwasser sein wird!‹

Darauf sprach er[1] zu mir: ›Nun, Ägypten geht es gut, da es seine Tüchtigkeit kennt. Schau, du bist nun hier. Du sollst bei mir bleiben, und ich will dir Gutes tun.‹

Er setzte mich an die Spitze seiner Kinder. Er verheiratete mich mit seiner ältesten Tochter. Er ließ mich auswählen von seinem Land, von dem besten, das er besaß an seiner Grenze zum Nachbarland. Ein gutes Land war das mit Namen Jaa. Feigen waren da und Weintrauben. Es hatte mehr Wein als Wasser. Es hatte reichlich Honig und viele Ölbäume, und jegliche Früchte waren auf seinen Bäumen. Gerste war dort und Emmer, und unendlich waren all die Viehherden. Doch gewaltig war, was mir zuteil wurde aus Liebe zu mir: Er machte mich zum Herrscher einer der besten Stämme seines Landes. Man setzte für mich Brote als Tageskost fest und Wein als Tagesration sowie gekochtes Fleisch und gebratene Vögel, abgesehen vom Wild der Wüste. Man fing es für mich und legte es mir vor, abgesehen von dem, was meine Jagdhunde mir brachten. Man machte mir viele [Spezialitäten], und mit Milch war alles gekocht. Ich verbrachte viele Jahre da, und meine Kinder waren stark geworden; jeder ist Gebieter seines Stammes.

[1] Ammunenschi.

Der Bote, der stromab oder stromauf fuhr zur Residenz, machte bei mir halt, und ich ließ alle Leute bleiben.

Ich gab Wasser dem Dürstenden,
ich führte den Verirrten auf den Weg,
ich errettete den Beraubten.

Die Asiaten, die sich aufzulehnen anschickten, um die Herrscher der Fremdländer abzuwehren, beriet ich bei ihrem Vorgehen.

Dieser Herrscher von Retenu veranlaßte, daß ich viele Jahre als Befehlshaber seiner Truppen zubrachte. In jedem Land, gegen das ich zog, errang ich den Sieg, so daß es vertrieben war von seinen Weiden und Brunnen.

Ich erbeutete seine Viehherden,
ich entführte seine Leute,
ich raubte seine Nahrungsmittel,
ich tötete die Leute in ihm
durch meinen Arm und meinen Bogen,
durch mein Kommen und meine trefflichen Pläne.

Es gefiel seinem Herzen, und er liebte mich, denn er wußte, daß ich stark war. Er setzte mich an die Spitze seiner Kinder, als er gesehen hatte die Kraft meiner Arme.

Es kam ein Starker aus Retenu, damit er mich herausfordere in meinem Zeltlager. Ein Held war er ohne seinesgleichen, und er hatte es[1] ganz bezwungen. Er sagte, er wolle mit mir kämpfen. Er dachte, er könne mich besiegen. Er

[1] Der Mächtige hatte Retenu bezwungen.

beabsichtigte, meine Viehherden zu rauben auf den Rat seines Stammes hin.

Jener Herrscher beriet sich mit mir, nachdem ich gesagt hatte: ›Ich kenne ihn nicht. Ich bin ja nicht sein Genosse, daß ich in seinem Zelt aus und ein gehe. Ist es etwa so, daß ich seinen Lagerplatz geöffnet und seine Umzäunung überschritten habe? Eifersucht ist es, weil er sieht, daß ich deinen Auftrag ausführe. Ich bin wahrlich wie ein Stier von Stieren inmitten einer fremden Herde; der Stier des Viehs stößt ihn, und der langhörnige Bulle greift ihn an.

Gibt es einen Geringen, der in gleicher Weise beliebt ist wie ein Hochgestellter? Keinen Barbaren gibt es, der sich zu einem Deltabewohner gesellt. Was läßt denn die Papyruspflanze am Berg haften? Liebt ein Stier den Kampf, liebt dann ein Kampfstier, sich zurückzuziehen aus Angst, daß er sich mit ihm messen muß?

Wenn sein Sinn auf Kampf steht, laß ihn seinen Herzenswunsch sagen. Weiß denn Gott nicht, was er bestimmt hat, wenn er erkennt, wie es steht?‹

Nachts bespannte ich meinen Bogen und legte die Pfeile zurecht. Ich zog meinen Dolch und brachte meine Waffen in Ordnung. Als es hell wurde, war Retenu angekommen, nachdem es seine Stämme gesammelt und die Länder seiner beiden Hälften zusammengefaßt hatte. Es dachte nur an diesen Kampf.

Da kam er zu mir, und ich begab mich in seine Nähe.
Jedes Herz brannte für mich.
Frauen und Männer redeten durcheinander.

Jedes Herz bemitleidete mich.
Sie sagten: ›Gibt es einen anderen Starken, der gegen ihn kämpfen könnte?‹

Da legte er seinen Schild, seine Streitaxt und sein Bündel Speere nieder, nachdem ich seine Waffen ausgehen ließ. Ich hatte seine Pfeile bis auf den letzten an mir vorbeigehen lassen, und einer folgte dem anderen. Da machte er Druck und beabsichtigte, mich zu schlagen. Er stürzte auf mich los. Ich schoß auf ihn; mein Pfeil blieb in seinem Nacken. Er schrie auf, fiel auf seine Nase und ich tötete ihn mit seiner Streitaxt.

Ich stieß auf seinem Rücken meinen Siegesschrei aus. Jeder Asiat brüllte. Ich gab Lobpreis dem Month[1], während seine Leute um ihn trauerten. Der Herrscher Ammunenschi nahm mich in seine Arme. Da holte ich seine Habe, und ich erbeutete seine Viehherden. Was er mir anzutun beabsichtigte, das tat ich ihm an. Ich nahm fort, was in seinem Zelt war. Ich plünderte sein Lager. Ich wurde groß davon, wohlhabend an meinen Schätzen, reich an meinen Viehherden.

Und so hat Gott gehandelt, um dem gnädig zu sein, der sich gegen ihn auflehnte, der sich in ein anderes Land verirrte. Heute ist sein Herz erfreut.

Ein Flüchtling flüchtete zu seiner Zeit,
derweil ist mein Ruhm in der Residenz.
Ein Schleichender schlich vor Hunger,
derweil gebe ich Brot meinem Nachbarn.

[1] Month wird besonders als Kriegsgott verehrt.

Ein Mann floh nackt aus seinem Land,
derweil glänze ich in Gewändern und Linnen.
Ein Mann mußte laufen, weil er niemanden schicken konnte,
derweil habe ich zahllose Leute.
Schön ist mein Haus.
Weit ist meine Stätte.
Man gedenkt meiner im Palast.

Oh, Gott, wer du auch bist, der diese Flucht bestimmt hat,
sei gnädig und gib mich zurück in die Heimat!
Vielleicht wirst du zulassen, daß ich den Ort wiedersehe, an dem mein Herz verweilt.
Was gibt es Größeres, als daß mein Leichnam geborgen werde in dem Land, in dem ich geboren bin.

Komme zu Hilfe!
Was an Gutem auch geschehe,
möge Gott mir Gnade geben!

Möge er etwas tun, um dem ein Ende zu bereiten, der ihn betrübt hat, während sein Herz Mitleid hat mit dem, den er gezwungen hat, im Fremdland zu leben. Ist es denn so, daß er heute zufrieden ist?

Dann möge er die Bitte eines Entfernten hören:
Möge er dem den Arm, mit dem er das Land geschlagen hat, dorthin wenden, woher er ihn geholt hat.
[Möge er ihm den] Weg [weisen und es ihm ermöglichen, daß er seine] Stadt wieder bewohne.
[Möge sein Herz Mitleid haben mit ihm und ihm] seine Flucht [ermöglichen.
Möge er dafür sorgen, daß er auf der Flucht] Bösewichte

niederschlägt [und gesund in die Heimat zurückkehrt.]
Möge der König von Ägypten mir gnädig sein und ich durch seine Gnade leben!
Möge ich grüßen die Landesherrin, die in seinem Palaste ist!
Möge ich hören die Aufträge ihrer Kinder!
Ach, möge sich mein Körper verjüngen,
denn jetzt ist das Alter gekommen,
und das Elend hat mich erreicht.

Meine Augen sind schwach,
meine Arme sind schlaff,
meine Beine haben aufgehört, dem müden Herzen zu folgen.
Nahe bin ich dem Abschiednehmen!

Möge man mich geleiten an die Stätte der Ewigkeit!
Möge ich folgen der Herrin des Alls!
Ach, möge sie mir sagen, was ihren Kindern gefällt!
Möge sie eine Ewigkeit über mir verbringen!

Man hatte aber der Majestät von Ober- und Unterägypten Cheperkare[1] – selig – berichtet über diese Lage, in der ich mich befand. Da sandte Seine Majestät zu mir mit Gaben, wie sie von seiten des Königs kommen. Er erfreute das Herz des Dieners da[2] wie einen Herrscher irgendeines Fremdlandes. Die Königskinder, die im Palast waren, ließen mich ihre Botschaften vernehmen.

[1] Vorname des Königs Sesostris I.
[2] Der Diener da = meine Wenigkeit = ich selbst.

Bootsfahrt auf dem Nil: Grab des Sennefer in Schech Abd el-Kurna, Theben-West, Grab Nr. 96.

Eine Kuh wird geschlachtet: Grab des Menena in Schech Abd el-Kurna, Theben-West, Grab Nr. 69.

Folgende Doppelseite:
Assuan am ersten Katarakt des Nil: Mit Kitchener-Insel (links) und Insel Elephantine (rechts) von der Villa der Begum aus aufgenommen.

Handwerker bei der Arbeit: Grab des Rechmire in Schech Abd el-Kurna, Theben-West, Grab Nr. 100.

Ramses II. als Gott Osiris: Pfeilersaal des Großen Felsentempels in Abu Simbel.

Abschrift des Briefes, der dem Diener da überbracht wurde bezüglich seiner Rückkehr nach Ägypten[1]:

›Horus ›Das Leben der Geburten‹; Herrinnen ›Das Leben der Geburten‹; König von Ober- und Unterägypten ›Cheperkare‹; Sohn des Re ›Amenemhet‹, der immer bis in Ewigkeit lebt.

Königsbefehl an den Gefolgsmann Sinuhe:
Siehe, man bringt dir diesen Königsbefehl, um dich wissen zu lassen: Du hast die Fremdländer durchzogen. Du bist vom Ostland bis nach Retenu gekommen. Ein Fremdland hat dich an das andere weitergereicht auf den Rat deines eigenen Herzens hin. Was hast du denn getan, daß man dir etwas tun könnte? Nicht hast du gelästert, daß man deiner Rede entgegentreten mußte. Nicht hast du im Rat der Beamten geredet, daß man sich deinem Spruch widersetzen mußte. Dieser Plan, den dein Herz sich holte – er lag nicht in meinem Herzen gegen dich vor. Dieser dein Himmel[2], der im Palaste ist, dauert und ist fest bis heute. Die Decke ihres Hauptes ist das Königtum des Landes. Ihre Kinder sind im Kabinett. Du erhältst die Herrlichkeit, die sie dir spenden. Du lebst von ihren Geschenken.

Komm nach Ägypten, daß du die Residenz wiedersiehst, in der du aufgewachsen bist, daß du die Erde küßt an dem großen Doppeltor[3] und daß du dich mischst unter die Beamtenschaft.

[1] Der folgende Königsbrief wird mit der offiziellen Königstitulatur eingeleitet. Sie setzt sich hier zusammen aus dem Horus-Namen, dem Herrinnen-Namen, dem Vornamen und dem Geburtsnamen.

[2] Bezeichnung für die Königin.

[3] Das Doppeltor vor dem Königspalast.

Heute freilich hast du begonnen, alt zu werden, nachdem du deine Manneskraft verloren hast. Denke doch an den Begräbnistag, da man zur Ehrwürdigkeit geleitet wird. Man richtet dir einen Abend Salböl her, die Mumienbinden sind in den Händen der Tait[1]. Man gibt dir das Geleit am Tage der Beisetzung. Der Sarg ist aus Gold, das Kopfteil aus Lapislazuli. Der Baldachin ist über dir, und du bist auf eine Schlittenbahre gelegt. Rinder ziehen dich, und Sänger sind vor dir. Man führt den Totentanz neben deinem Grabe auf. Man verliest für dich die Opferliste. Man schlachtet neben deinen Opfersteinen. Deine Pfeiler[2] sind errichtet aus hellem Stein inmitten[3] der Königskinder. Nicht soll dein Tod in dem Fremdland geschehen, nicht sollen Asiaten dich bestatten, nicht soll man dich in ein Widderfell legen und ein Steinmal für dich anlegen. Dies alles entfällt. Sorge für den Leichnam und komme zurück!‹

Dieser Befehl erreichte mich, als ich inmitten meines Stammes stand. Nachdem man ihn mir vorgelesen hatte, legte ich mich auf meinen Bauch. Ich berührte die Erde. Ich streute sie auf mein Haar. Ich lief durch mein Lager und jubelte mit den Worten: ›Wie geschieht dem Diener, den sein Herz in fremde Länder irregeleitet hat! Wie schön fürwahr ist die Herzensgüte, die mich vor dem Tode rettet! Dein Ka[4] wird dafür sorgen, daß ich das Ende meines körperlichen Daseins in der Residenz erlebe!‹

[1] Webgöttin.
[2] Die Pfeiler der Grabanlage.
[3] Innerhalb des Friedhofbezirkes.
[4] Die Seele als die Kraft im Menschen.

Abschrift der Empfangsanzeige dieses Befehles:

›Der Diener des Palastes, Sinuhe, sagt: ›In sehr schönem Frieden! Man kennt diese Flucht, die der Diener da unwissend ergriffen hat, durch deinen Ka, oh, guter Gott, Herr beider Länder, den Re liebt und den Month, Herr von Theben, lobt.

Amun, der Herr von Karnak, Sobek, Re, Horus, Hathor, Atum mit seiner Götterneunheit, Sopdu, Neferbau, Semseru, der östliche Horus, die Herrin von Nebescheh – möge sie dein Haupt beschützen –, das Götterkollegium an der Flut, Min-Horus inmitten der Fremdländer, [die Große Herrin[1] von Punt, Nut, Haroëris und alle Götter] des geliebten Landes[2] und der Inseln des Merres –
sie mögen Leben und Heil an deine Nase geben,
sie mögen dich mit ihren Gaben bereichern,
sie mögen dir Ewigkeit – ohne daß sie ein Ende hat –
und Fortdauer – ohne daß sie eine Frist hat – gewähren.
Möge man von der Furcht vor dir in den Flachländern und Bergländern erzählen
und möge dir untertan sein, was die Sonne umkreist:
Das ist die Bitte des Dieners an seinen Herrn, der aus dem Totenreich errettet.

Der Herr der Erkenntnis, der die Menschen kennt, erkannte bei der Majestät Palast, daß der Diener da sich fürchtet, es zu sagen, da es eine große Sache ist; um sie zu wiederholen – du großer Gott, Gleichgestellter des Re, der selbst den, der ihm dient, verständig macht! Der

[1] Bezeichnung für die Göttin Hathor.
[2] So nannten die Ägypter ihr eigenes Land.

Diener da ist in der Hand dessen, der ihn beschützt. Er untersteht doch seinem Rat! Deine Majestät ist Horus, der erobert, und stark sind deine Arme gegen alle Länder.

Auch möge Deine Majestät befehlen, daß man veranlasse, den Meki zu holen aus dem Ostland, den Chenti-Jausch aus Chentikesch und den Menus aus dem Lande der Phönizier. Das sind Herrscher mit berühmten Namen, die aus deiner Liebe hervorgegangen sind, ohne daß ich an Retenu denke, das dir hörig ist wie deine Hunde.

Diese Flucht nun, die der Diener tat, sie war nicht beabsichtigt, sie kam nicht aus meinem Herzen, und ich hatte sie nicht ausgedacht. Ich bemerkte nicht, daß ich mich vom Ort getrennt hatte. Es war wie ein Traum, wie wenn sich ein Mann des Deltas in Elephantine sieht oder ein Mann der Sümpfe in Nubien. Ich hatte keine Angst, keiner lief hinter mir her, ich hörte keine üble Rede, und meinen Namen hörte man nicht im Munde des Herolds. Allerdings schauderte mein Leib, meine Beine hasteten, mein Herz leitete mich, und Gott, der diese Flucht bestimmte, zog mich fort. Ich bin doch vorher nicht überheblich gewesen, denn ein Mann, der sein Land kennt, ist ehrfürchtig. Re hat die Furcht vor dir über die Erde gegeben und den Schrecken vor dir in jedes Fremdland. Ob ich in der Residenz bin, ob ich an diesem Ort bin, du bist es doch, der diesen Horizont verhüllt. Die Sonne geht auf um deinetwillen, das Wasser im Fluß trinkt man, wenn du es willst; die Luft im Himmel atmet man, wenn du es sagst. Der Diener da wird das Ministeramt freimachen, das der Diener da an diesem Ort ausgeübt hat. Möge Deine Majestät nach ihrem Wunsche handeln! Man lebt von dem Hauch, den du gibst. Möge Re, Horus und Hathor diese deine herrliche Nase lieben, die auf den Wunsch des Month, des Herrn von Theben, ewig leben möge!‹

Man ist zu dem Diener da gekommen, und man ließ mich ‹noch› einen Tag in Jaa verbringen, um meine Habe meinen Kindern zu übergeben, so daß mein ältester Sohn meinen Stamm befehligte und mein Stamm und all meine Habe in seiner Hand waren, meine Untertanen, all mein Vieh, meine Früchte sowie alle meine Obstbäume.

Der Diener da reiste gen Süden. Ich machte halt an den Horuswegen[1]. Der Befehlshaber dort, der die Truppe kommandierte, schickte eine Meldung zur Residenz, um Bescheid zu geben. Da ließ Seine Majestät einen vortrefflichen Vorsteher der Landleute vom königlichen Hofe kommen mit beladenen Schiffen in seiner Begleitung und mit Geschenken des Königs für die Asiaten, die mir nachgegangen waren und mich zu den Horuswegen begleitet hatten. Ich nannte einen jeden von ihnen mit seinem Namen.

Jeder Diener tat seine Pflicht. Ich trat die Reise an und segelte. Man knetete und braute neben mir, bis ich die Hauptstadt erreichte. Als es tagte, noch sehr früh, da kam einer, der mich rief. Zehn Mann kamen, zehn Mann gingen, derweil sie mich zum Palaste führten.

Ich berührte mit der Stirn den Boden zwischen den Sta-

[1] Grenzstation Ägyptens am Ostrand des Deltas.

tuen. Die Königskinder standen bei meinem Eintreffen im Eingangstor. Die Hofbeamten, die zum Thronsaal führen, gaben mich auf den Weg zum Kabinett. Ich fand Seine Majestät dort auf dem großen Thron aus Gold. Als ich auf meinem Bauch daniederlag und vor ihm das Bewußtsein verloren hatte, begrüßte mich dieser Gott freundlich. Ich war wie ein Mann, der in der Dämmerung geschnappt worden ist. Meine Seele war geschwunden, mein Leib zitterte, und mein Herz war nicht in meinem Leib, so daß ich erkannte, daß Leben zum Tod wird.

Da sprach Seine Majestät zu einem dieser Hofbeamten: ›Hebe ihn auf! Laß ihn mit mir reden!‹ Dann sprach Seine Majestät: ›Siehe, du bist gekommen! Du hast die Fremdländer betreten, und du begabst dich auf die Flucht. Das Greisenalter hat sich bei dir durchgesetzt, du hast ein hohes Alter erreicht. Nichts Geringes ist ‹da› die Bestattung deines Leichnams. Nicht sollen die Asiaten dich beerdigen. Und ferner tue doch nicht so, als ob du nicht geredet hast, obgleich dein Name genannt wurde!‹

Ich fürchtete mich vor Strafe, und ich antwortete darauf mit der Antwort eines Furchtsamen: ›Was hat mein Herr zu mir gesagt? Ach, könnte ich doch darauf antworten! Nichts gibt es, das ich tun könnte! Die Hand eines Gottes ist es, ein Schrecken, der in meinem Körper ist wie bei dem Gedanken der Flucht, die vorherbestimmt wurde. Siehe, ich bin vor dir, dein ist das Leben! Möge Deine Majestät nach ihrem Wunsche handeln!‹

Da ließ [Seine Majestät] die Königskinder herbeiholen. Dann sprach Seine Majestät zur Königin: ›Siehe, Sinuhe ist gekommen als Asiat, von den Beduinen geprägt!‹ Sie schrie einen sehr lauten Schrei aus, und die Königskinder kreischten allesamt. Dann sagten sie zu Seiner Majestät: ›Das ist er nicht wirklich, oh, König, mein Herr!‹ Da sprach Seine Majestät: ›Er ist es wirklich!‹

Sie hatten nun aber ihre Halsketten, ihre Rasseln und ihre Sistren mitgebracht. Sie überreichten diese Seiner Majestät:
›‹Strecke› deine Hände aus ‹nach› dem Schönen, oh, fortdauernder König,
‹nach› den Insignien der Herrin des Himmels[1]!
Möge die Goldene[1] Leben in deine Nase geben
und dich vereinen mit der Herrin der Sterne[1]!
Die südliche Krone zieht nach Norden,
die nördliche Krone zieht nach Süden.
Vereinigt und zusammen sind sie durch den Spruch Deiner Majestät.
Die Kobra ist an deine Stirn gesetzt.
Du hast errettet die Schwachen von dem Bösen.
Gnädig sei dir Re, Herr der beiden Länder,
und Jubel sei dir sowie der Herrin des Alls[1]!
Wende ab dein Horn,
lege ab deinen Pfeil!
Gib Luft dem, der in Atemnot ist!
Gib uns unser Vergnügen an diesem schönen Tag!
Belohne uns mit dem Sohne des Nordwindes,
dem Asiaten, der in Ägypten geboren ist!
Er tat die Flucht aus Furcht vor dir.
Er verließ das Land aus Schrecken vor dir.
Nicht erbleiche das Gesicht dessen, der dein Gesicht sieht!
Nicht fürchte sich das Auge, das dich erblickt!‹

[1] Bezeichnung für die Göttin Hathor.

Da sagte Seine Majestät: ›Nicht soll er sich fürchten, nicht soll er sich erschrecken! Er soll ein Hofbeamter sein unter den Beamten. Man soll ihn in die Mitte der Hofbeamten setzen. Geht nun in den Umkleideraum, um seine Aufwartung zu machen!‹

So ging ich aus dem Audienzsaal hinaus, und die Königskinder gaben mir ihre Hände. Wir gingen danach zu dem großen Doppeltor. Ich wurde in das Haus eines Königssohnes gebracht. Herrliches gab es dort: Ein Badezimmer war darinnen, Götterbilder und Schmuck aus dem Schatzhaus gab es dort! Kleider aus Königslinnen, Myrrhe und bestes Öl von dem König und den Beamten, die er liebt, waren in jedem Raum. Jeder Diener tat seine Pflicht. Die Jahre ließ man an meinem Körper vorübergehen: Ich wurde enthaart, mein Haar wurde ausgekämmt und eine Ladung der Wüste übergeben, ferner die Sandläuferkleidung. Ich wurde eingekleidet mit feinstem Linnen; ich wurde gesalbt mit bestem Öl. Ich ruhte auf einem Bett. Und den Sand ließ ich denen, die darauf wohnen, und das Baumöl dem, der sich damit einschmiert.

Mir wurde ein Landhaus gegeben, eins, wie es einem Hofbeamten gehörte. Zahlreiche Handwerker bauten es aus. Ein jeder Baum wurde neu gepflanzt. Man brachte mir Speisen aus dem Palast, dreimal, viermal am Tage, abgesehen von dem, was mir die Königskinder gaben, und nicht einen Augenblick hörte es auf. Mir wurde ein Grab aus Stein erbaut im Pyramidenbezirk. Der Oberbaumeister der Pyramide hob den Boden aus, der Obermaler malte in ihm, der Oberbildhauer meißelte in ihm, und der Bauaufseher der Nekropole kümmerte sich darum. Die ganze Ausrüstung, die für einen Grabschacht bereitgestellt wird, wurde da besorgt. Mir wurden Totenpriester beigegeben.

Mir wurde ein Nekropolengarten gemacht. Felder waren darinnen mit Obstbäumen am richtigen Platz, wie es für einen erstklassigen Hofbeamten gemacht wird. Meine Grabstatue war mit Gold überzogen; ihr Schurz war aus weißem Golde. Seine Majestät ließ sie anfertigen. Nicht gibt es einen Mittellosen, dem Gleiches gemacht wurde.

So war ich in der Gunst des Königs, bis der Tag des Hinscheidens kam[1].

Es kam von Anfang bis Ende so, wie es vorgefunden wurde in der Handschriftenrolle.«

[1] Die Erzählung des Sinuhe ist hier zu Ende. Der Schreiber bestätigt, daß er sie genauso von der Vorlage abgeschrieben hat.

Der Streit zwischen Apophis und Sekenenre

Der Streit zwischen Apophis und Sekenenre

Das folgende Märchen ist offenbar nur der Anfang einer längeren Erzählung, den damals ein Schüler von der vollständigen Vorlage abgeschrieben hat. Für ihn war das eine reine Schreibübung, und so verwundert es uns nicht, wenn der hieratische Text recht fehlerhaft und leider unvollständig ist. Angefertigt wurde unsere Papyrushandschrift in der 19. Dynastie zur Zeit des Pharaos Merenptah (1223 bis um 1214 v. Chr.).

Die historischen Ereignisse, die unserer Geschichte zugrunde liegen, spielen aber knapp vierhundert Jahre früher in der 15. Dynastie, als der Hyksoskönig Apophis (um 1591–1550 v. Chr.) im Nildelta seine Macht ausübte, während sich im Süden Ägyptens im achthundert Kilometer weit entfernten Theben König Sekenenre der Hyksosherrschaft widersetzte.

Die Schreibübung findet sich im Papyrus Sallier I., der heute im British Museum zu London unter der Signatur 10185 aufbewahrt wird. Der nachstehenden Übersetzung liegt die Ausgabe von A. H. Gardiner, Late-Egyptian Stories, Bibliotheca Aegyptiaca I, Bruxelles 1932, S. 85–89, zugrunde. Zwar bricht der Text der Geschichte jäh auf der dritten Seite ab, wo sogleich ein Brief folgt, doch dürfen wir annehmen, daß Sekenenre der Held dieses Märchens ist – auch wenn er eines offenbar gewaltsamen Todes gestorben ist, wie wir es aus den Wunden seiner Mumie im Ägyptischen Museum zu Kairo ersehen können.

»Es geschah einmal, da war das Land Ägypten in Not, und es gab damals keinen Herrn – er lebe, sei heil und gesund – als König. Es geschah nämlich, was König Sekenenre – er lebe, sei heil und gesund – angeht, daß er Herrscher – er lebe, sei heil und gesund – der südlichen Stadt[1] war. Not gab es in der Stadt der Asiaten[2], als Fürst Apophis – er lebe, sei heil und gesund – in Auaris[3] war, während ihm das ganze Land mit seinen Abgaben zinste und so auch der Norden mit allen schönen Sachen des Deltas.

Da hat König Apophis – er lebe, sei heil und gesund – sich den Sutech[4] zum Herrn gemacht, und nicht diente er irgendeinem anderen Gott, der im ganzen Lande war, außer dem Sutech. Er baute einen Tempel in guter und dauerhafter Arbeit neben dem Palast des Apophis – er lebe, sei heil und gesund. Er erschien [bei Anbruch] des Tages, um täglich [Opfer] darzubringen dem Sutech. Die [hohen] Beamten [des Königs] – er lebe, sei heil und gesund – trugen Blumengebinde, wie man es gegenüber im Tempel des Re-Harachte tat.

Nun aber hatte König A[pophis] – er lebe, sei heil und gesund – im Sinn, verletzende Worte zu s[ende]n an den König Sekenenre – [er lebe, sei heil und gesund –, den] Fürsten der südlichen Stadt.

[1] Die »südliche Stadt« ist das alte hunderttorige Theben, das heutige Luxor mit dem Dorf Karnak und dem Bezirk Theben West. (Siehe Karte S. 239)

[2] Der damalige Hyksos-Stützpunkt Auaris im östlichen Nildelta.

[3] Nahe der Ortschaft Kantir im östlichen Delta.

[4] Das ist der Gott Seth, der im Delta als Sutech verehrt wurde.

Nach[dem] nun viele Tage hiernach vergangen waren da ließ Kö[nig Apophis – er lebe, sei heil und gesund – die hohen Beamten] seines [Palastes] rufen [und beriet mit ihnen] alles, was [er] hinschicken [wollte an] anklagenden Worten [dem König Sekenenre – er lebe, sei heil und gesund – wegen des] Flusses. [Aber die hohen Beamten seines Palastes wußten keine rechte Antwort. So ließ er die] Schreiber und Gelehrten [zu sich rufen und fragte sie um ihren Rat. Da antworteten sie ihm mit den Worten: ›Oh], Herrscher – er lebe, sei heil und gesund –, [unser Herr! Sage ihm, er solle den] See der Nilpferde [beseitigen lassen, der im Osten des Kanals der südlichen Stadt liegt. Denn] nicht lassen sie[1] [uns zum Schlaf kommen bei Tag und bei] Nacht, [weil ihr Lärm die Ohren unserer Stadt erfüllt.‹ So sagten sie zu ihm. Und dann sprachen sie: ›Sutech ist mit dir!] Der Fürst der [südlichen Sta]dt [aber kennt den Sutech nicht, und kein großer Gott ist] bei ihm als Behüter. Nicht verläßt er sich auf irgendeinen Gott, der im [ganzen Lande] ist, außer auf Amun-Re, den König der Götter.‹

Nachdem nun viele Tage hiernach vergangen waren, da sandte König Apophis – er lebe, sei heil und gesund – dem Fürsten der südlichen Stadt die Klageschrift, die ihm seine Schreiber und Gelehrten verfertigt hatten. Als nun der Bote des Königs Apophis – er lebe, sei heil und gesund – zu dem Fürsten der südlichen Stadt gelangte, da wurde er vor den Fürsten der südlichen Stadt geführt. Dann sagte man[2] zu dem Boten des Königs Apophis – er lebe, sei heil und gesund: ›Weshalb schickt man dich zur südlichen Stadt? Weshalb bist du zu mir gereist?‹

[1] Die Nilpferde.
[2] König Sekenenre.

Da sagte der Bote zu ihm: ›König Apophis – er lebe, sei heil und gesund – ist es, der zu dir schickt mit den Worten: ›Veranlasse, daß man den See der Nilpferde be[seiti]ge, der im Osten des Kanals der Stadt liegt. Denn nicht lassen sie mich zum Schlaf kommen bei Tag und bei Nacht, weil ihr Lärm die Ohren seiner Stadt erfüllt‹.‹

Da staunte der Fürst der südlichen Stadt eine lange Zeit, und er war nicht in der Lage, dem Boten des Königs Apophis – er lebe, sei heil und gesund – [Antwort] zu geben. Dann sprach der Fürst der südlichen Stadt zu ihm: ›Hat etwa dein Herr – er lebe, sei heil und gesund – etwas von [dem See der Nilpferde] gehört, [der] hier [im Osten des Kan]als der südlichen Stadt liegt?‹

Da [sagte der Bote des Königs zu ihm: ›Er]ledige diese Angelegenheit, deretwegen er mich zu dir geschickt hat!‹

[Da ließ der Fürst der südlichen Stadt den Boten des Königs Apophis – er lebe, sei heil und gesund –] ausstatten [mit] schönen Sachen, Fleisch, Kuchen [und so weiter, und danach sprach er zu ihm: ›Gehe nun zurück zu deinem Herrn – er lebe, sei heil und gesund – und sage ihm:] ›Alles das, was du mir sagst, werde ich tun‹!‹ So sollst du [ihm] sagen. [. . . Dann] machte sich [der Bote des Königs] Apophis – er lebe, sei heil und gesund – auf, um dorthin zu reisen, wo sein Herr – er lebe, sei heil und gesund – war.

Da ließ der Fürst der südlichen Stadt seine hohen Beamten rufen, ebenso auch alle Offiziere und seine Hauptleute. Er wiederholte ihnen die ganze Klagesache, deretwegen König Apophis zu ihm gesandt hatte. Da schwiegen sie mit einem

Munde für eine lange Zeit. Nicht wußten sie ihm weder Gutes noch Schlechtes zu antworten.

Nun schickte König Apophis – er lebe, sei heil und gesund – dem [Fürsten der südlichen Stadt erneut einen Boten . . .]«

Der Geist
Nobusemech

Der Geist Nobusemech

Die Geistergeschichte scheint im Neuen Reich (18.–20. Dynastie, etwa 1554–1080 v. Chr.) sehr beliebt und in Ägypten weit verbreitet gewesen sein. Denn der Text ist uns auf verschiedenen Topfscherben, sogenannten Ostraca, erhalten. Offenbar mußten damals Schüler in verschiedenen Schreiberschulen diese Geschichte einüben. Die unterschiedlichen großen Ostraca scheinen durchweg in der 19. Dynastie (etwa 1305–1196 v. Chr.) mit hieratischen Lettern beschriftet worden zu sein. Die Ostraca werden heute in folgenden Museen aufbewahrt: Turin, Signatur unbekannt; Wien, Österreichische Nationalbibliothek, Signatur 3722 a; Florenz, Signatur 2616 und 2617; Paris, Louvre, Signatur 667 und 700; Paris, Institut Français. Signatur unbekannt. Der hieratische Text ist verhältnismäßig schlecht erhalten und zudem recht fehlerhaft, zuweilen gar unverständlich. Auch bleibt unklar, wie groß die Textlücken zwischen den verschiedenen Ostraca sind. Abgesehen davon fehlt der Anfang sowie das Ende unserer Geschichte.

Die unserer Übersetzung zugrunde liegenden Ostraca sind publiziert worden von A. H. Gardiner, Late-Egyptian Stories, Bibliotheca Aegyptiaca I, Bruxelles 1932, S. 89–94.

Schon des öfteren besuchte der Geist eines längst verstorbenen Ägypters den Hohenpriester des Amun namens Chonsemhab. Jedesmal bat der Geist darum, Chonsemhab möge doch dessen inzwischen verfallenes Grab wieder in Ordnung bringen. Leider aber sagte der Geist dem Hohenpriester des Amun nicht, wo dieses bestimmte Grab liegt. Und so macht sich Chonsemhab auf die Suche, setzt mit einer Fähre über den Nil und geht in die thebanische Nekropole, auf den gewaltigen Friedhof im Westen der Reichshauptstadt.

»[Nachdem er] wie gewöhnlich [das Grab vergeblich gesucht hatte, machte er sich auf den Heimweg. Am nächsten Morgen ging er wieder] wie gewöhnlich [in die Nekropole, doch konnte er auch dieses Mal das Grab nicht finden. Als der Abend kam], setzte [er] über, und er gelangte zu seinem Haus. Er ließ [alle nur erdenklichen schönen Sachen] machen [und sagte dann:] ›Alle [diese] schönen Sachen [will ich mitnehmen], wenn ich nach Westen gehe.‹

Er stieg auf das Dach [des Hauses und blickte auf gen Himmel. Er rief zu] den Göttern des Himmels, den Göttern der Erde, denen des Südens, des Nordens, des Westens, des Ostens und zu den Göttern der Unterwelt, wobei er zu ihnen sprach: ›Laßt den Geist zu mir kommen!‹

Er erschien und sprach zu ihm: ›Ich bin dein [erflehter Geist, der da immer noch schlafen muß] in der Nacht neben seinem Grabe.‹

Da [sprach] der Hohepriester des Amun Chonsemhab [zu ihm: ›Ach, sag du mir doch deinen Namen, den Namen deines] Vaters und den Namen deiner Mutter, damit ich ihnen opfern kann und ich für sie alles tue, [was man für ihresgleichen] tut.‹

Da sagte [der Gei]st zu ihm: ›Mein Name ist Nobusemech, [der Name] meines Vaters Anchmen, der Name meiner Mutter Em[scha]set.‹

Da [sagte] der Hohepriester des Amun-Re, des Königs der Götter, Chons[emhab: ›Welchen Wunsch auch immer du mir vorträgst], ich werde ihn dir erfüllen, und ich werde dir ein Gr[ab] machen lassen. [Ich werde dir regelmäßig Opfergaben bringen lassen], und ich werde dir alles machen lassen, was man für [deinesgleichen] tut. . . .‹

[Darauf antwortete der Geist dem Chonsemhab: ›Ich wünsche mir, daß ich fortan weder unter der Sommerhitze leide noch] im Winterwind friere und hungere noch [dürste . . .]. Nicht wünsche ich mir eine Überschwemmung wie die des Nil. [Nicht wünsche ich mir einen Gewitterregen, denn dann] kann ich nicht [in mein Grab] gelangen.‹

[Da] setzte sich [der Hohepriester des Amun-Re, des Königs der Götter], Chonsemhab, weinte [und sprach zu ihm: ›Es ist sehr traurig, daß du bislang die Zeit verbrachtest], ohne daß du aßest, ohne daß du trankst, ohne daß [du älter wurdest, ohne daß] du dich verjüngtest, ohne daß du sehen konntest die Strahlen der Sonne, ohne daß du den [Nord]wind atmetest. Finsternis ist täglich über dir, so daß du bei Tagesanbruch nicht ausgehen kannst.‹

Da sagte der Geist zu ihm: ›Als ich noch auf Erden lebte, war ich Vorsteher des Schatzhauses des Königs Rahotep[1] – er lebe, sei heil und gesund –, und ich war Befehlshaber des Heeres. Ich stand an der Spitze der Menschen, ‹direkt› hinter den Göttern. Ich ging zur ‹ewigen› Ruhe während der Sommermonate im vierzehnten Jahre unter König Mentuhotep[2] – er lebe, sei heil und gesund. Er gab mir meine vier Eingeweidekrüge und meinen Sarg aus Alabaster. Er veranlaßte, daß man mir all das brachte, was man meinesgleichen zu bringen pflegt. Er ließ mich ruhen [in meinem Grabe; dessen Abmessungen waren sehr groß]. Doch schau, der Boden unten bricht heraus. Der Wind bläst hinein, er greift die Stimme an. Aber was [dein] Gerede angeht, [das du mir machtest mit den Worten] ›Ich werde das Grab neu herrichten lassen‹, so geschieht das ‹schon› zum vierten Male, doch was macht man daran? Und was mache ich mit derartigem Gerede, das du mir wieder sagst? Soll ich mit diesen Worten zum Ziele gelangen?‹

Da sprach der Hohepriester des Amun-Re, des Königs der Götter, Chonsemhab, zu ihm: ›Ach, nenne mir doch ‹nur› einen Auftrag: ›Gut soll es der haben, der anordnet, daß es für mich gemacht wird!‹ Dann will ich veranlassen, daß man es für dich macht. Oder ich werde dir fünf Diener und fünf Dienerinnen zur Verfügung stellen – macht zusammen zehn –, um dir Wasser zu spenden. Und ich werde täglich einen Sack Emmer[3] hingeben, um ihn dir darzubringen. Und der Verwaltungsvorsteher soll dir Wasser spenden!‹

[1] Ein Sohn des Pharaos Snofru, der um 2570–2545 v. Chr. regierte.
[2] Mentuhotep II. herrschte von 2061–2010 v. Chr.
[3] Eine Weizenart: triticum dicoccum.

Da sagte der Geist Nobusemech zu ihm: ›Was soll das, was du tun willst? Liegt nicht das Holz der Sonne aus? Liegt es nicht hinter dem Gartentor, so daß man dort nicht hergehen kann? Der Stein ist alt geworden und fällt ein . . .‹

[Daraufhin begab sich Chonsemhab wieder zu den Gräbern neben dem Tempel des Königs] Mentuhotep – er lebe, sei heil und gesund – und [fand nach langem Suchen endlich das Grab des Geistes Nobusemech. Sogleich kehrte er in die Stadt zurück.

Dann schickte der Hohepriester des] Amun-Re, des Königs der Götter, drei Mann [hinüber zu dem Grab]. Und sie setzten über und stiegen [in den Friedhofsbezirk. Sie gelangten zu dem Grab des Geistes Nobusemech. Es lag] neben dem prächtigen Tempel des Königs [Mentu]hotep – er lebe, sei heil und gesund. Sie [stiegen in das Grab ein und stellten] darin [alles wieder her]. Sie sprachen fünfundzwanzig Gebete vom königlichen Aufweg bis zum Wüstenstreifen. Dann gingen sie hinab zum Ufer. Sie [setzten über und gelangten zu dem] Hohen[priester] des Amun-Re, des Königs der Götter, Chonsemhab. Sie fanden ihn, wie er im Tempel des Amun-[Re, des Königs der Götter, seinen Dienst verrichtete].

Er sprach zu ihnen: ›Oh, seid ihr zurückgekehrt? Habt ihr die prächtige Stelle gefunden, um den Namen [des Geistes Nobusemech, wie] er genannt wird, bis in Ewigkeit währen zu lassen?‹

Da sprachen die drei Mann zu ihm aus einem Munde: ›Wir haben die prächtige Stelle gefunden, um [den Namen des

Geistes Nobusemech, wie er genannt wird, bis in Ewigkeit währen zu lassen.‹] Sie setzten sich vor ihm nieder; sie machten sich einen schönen Tag. Sein Herz empfing Freude, als [sie ihm] sagten, [was sie alles getan hatten.

Als der neue Tag begann und] die Sonne am Horizont emporstieg, da rief er[1] den Verwalter des Amun-Tempels, Mentuka, [und teilte ihm] seine Arbeit zu. Er ging am Abend, um sich in der Stadt schlafen zu legen. Und er [war glücklich, daß er endlich das Grab des Geistes Nobusemech gefunden hatte und herrichten ließ].«

[1] Chonsemhab.

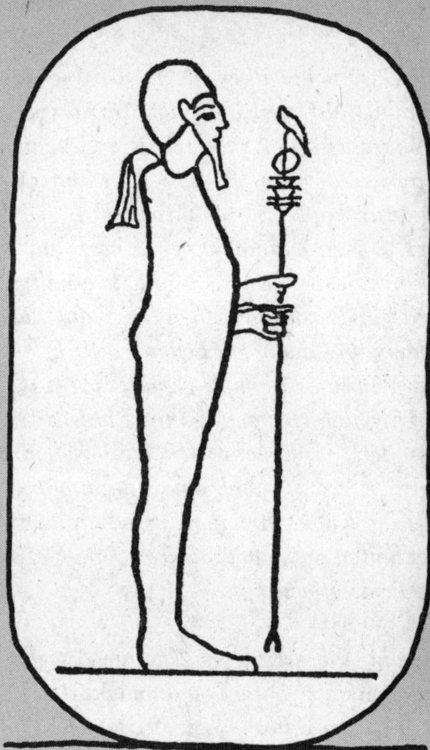

Die Eroberung von Joppe

Die Eroberung von Joppe

Die Geschichte über die Eroberung der Stadt Joppe steht ebenfalls auf dem Papyrus Harris 500, der auch das Prinzenmärchen (siehe die nächste Geschichte) enthält. Dieser Papyrus wird im British Museum zu London unter der Signatur Pap. 10 060 aufbewahrt. Der ägyptische Schreiber, dessen Name ausgerechnet am sonst vollständigen Schluß dieser Geschichte nicht erhalten blieb, schrieb den vorliegenden hieratischen Text um das Jahr 1290 v. Chr. nieder, und zwar entweder gegen Ende der Regierungszeit von Pharao Sethos I. (etwa 1303–1290 v. Chr.) oder am Anfang der Herrscherjahre Ramses II. (ab 1290 v. Chr.). Auf der Vorderseite der Papyrushandschrift, dem sogenannten recto, steht eine Sammmlung von Liebesliedern, auf der Rückseite, dem verso, finden wir auf den ersten drei Seiten zunächst unsere Joppe-Geschichte, danach folgt das Prinzenmärchen.

Für die Übersetzung wurde die Ausgabe von A. H. Gardiner benutzt: Late-Egyptian Stories, Bibliotheca Aegyptiaca I, Bruxelles 1932, S. 82–85. Während der Anfang unserer Geschichte verlorengegangen ist, blieb der Rest gut erhalten. Die Handlung spielt in den Regierungsjahren Thutmosis‹ III. (1490–1439 v. Chr.), und zur Zeit der Niederschrift sind nun schon mehr als zweihundert Jahre vergangen.

Mehrere hundert feindliche Krieger erschienen mit dem Fürsten von Joppe[1] an ihrer Spitze bei dem ägyptischen General Djehuti, und dieser bewirtete sie.

»Die Truppe des Pharao – er lebe, sei heil und gesund – [paßte gut] auf sie [auf]. Und nach einer Stunde waren sie[2] betrunken.

Da sprach Djehuti zu [dem Fürsten von Joppe: ›Ich ergebe mich und will] mich mit Frau und Kindern in deiner eigenen Stadt [niederlassen]. Erlaube, daß die Wa[genkämpfer ihre Pferde] hineinbringen[3] [und daß] man ihnen Futter gibt, sonst kommt noch ein Hebräer herbei [und holt] sie [uns weg].‹ Da nahm man sich der Pferde an, und man gab ihnen Futter.

[Dann kamen einige und brachten die große Keule[4] des] Königs Thutmosis[5] – er lebe, sei heil und gesund. Man kam und meldete es dem Djehuti. Und da sagte [der Fürst von Jop]pe zu Djehuti: ›Mein Wunsch ist es, die große Keule des Königs Thutmosis – er lebe, sei heil und gesund – zu sehen, deren Name ›Ihre [Kraft] ist schön‹ lautet. Beim Ka[6] des Königs Thutmosis – er lebe, sei heil und gesund! Wenn sie an diesem Tage bei dir ist, die ›Ihre Kraft ist schön‹, dann bringe sie mir!‹

[1] Joppe ist das heutige Jaffa in Israel. (Siehe Karte S. 239)
[2] Die Feinde.
[3] In die Stadt Joppe.
[4] Leider erfahren wir nichts Näheres über dieses merkwürdige Instrument.
[5] Pharao Thutmosis III. regierte in Theben von 1490–1439 v. Chr.
[6] Ka bedeutet »Seele«.

Er tat es genauso. Er holte die Keule des Königs Thutmosis – [er lebe, sei heil und gesund – und packte] dessen Gewand[1]. Er stellte sich vor ihm auf mit den Worten: ›Schau mich an, du Fürst von [Joppe! Siehe,] dem König Thutmosis – er lebe, sei heil und gesund –, dem wilden Löwen, dem Sohne der Sachmet[2], hat Amun, [sein Vater, Kraft] gegeben.‹ [Er] erhob seine Hand und schlug gegen die Schläfe des Fürsten von Joppe. Der fiel um und lag [regungslos] vor ihm. Er befestigte ihn an einem Pf[lock und umwickelte] ihn mit Lederriemen. Er nahm Kupferstücke, die [er als] Folterwerkzeug für den Fürsten von Joppe [hatte anfertigen lassen]. Man befestigte die Kupferstücke von vier Nemes[3] an seinen beiden Füßen.

Er ließ die zweihundert Säcke holen, die er machen ließ. Zweihundert Soldaten ließ er in sie hineinsteigen. Man füllte ihre Arme an mit Stricken und Pflöcken. Man verschloß sie mit einem Siegel. Auch hatte man ihnen ihre Sandalen und ihre Knüppel mitgegeben. Man lud sie auf lauter gutgebaute Soldaten, insgesamt fünfhundert Mann, und sprach zu diesen: ›Sobald ihr die Stadt betretet, laßt eure Kameraden heraus und packt euch alle Leute, die in der Stadt sind, und legt sie sogleich in Fesseln!‹

Man ging hinaus, um dem Wagenlenker des Fürsten von Joppe zu sagen: ›Dein Herr sagt: ›Gehe und sage deiner Herrin[4]: ›Erfreue dein Herz! Denn Sutech[5] hat uns den Djehuti mit seiner Frau und seinen Kindern übergeben.

[1] Das Gewand des Fürsten von Joppe.
[2] Kriegsgöttin.
[3] Eine Maßeinheit; ein Nemes ist ein Krug.
[4] Die Frau des Fürsten von Joppe.
[5] Der Gott Seth (Sutech) ist ein Gott des Kampfes und spielt in der altägyptischen Mythologie gar die Rolle eines Mörders.

Sieh dir den ersten Teil ihrer Abgaben an‹! ›So sollst du ihr sagen bezüglich dieser zweihundert Säcke, die voll sind von Leuten, Pflöcken und Stricken.‹

Dann ging er[1] voraus, um das Herz seiner Herrin zu erfreuen mit den Worten: ›Wir haben den Djehuti gepackt!‹

Da öffnete man die Schlösser der Stadt vor den Soldaten; sie gingen in die Stadt hinein, [und sie] ließen ihre Kameraden heraus. Sie bemächtigten sich [der] Stadt, jung und alt. Sie legten sie sogleich in Fesseln und an Pflöcke. So hatte sich der starke Arm des Pharao – er lebe, sei heil und gesund – der Stadt bemächtigt.

Während der Nacht sandte Djehuti nach Ägypten zu König Thutmosis – er lebe, sei heil und gesund –, seinem Herrn, mit den Worten: ›Erfreue dein Herz! Dir hat Amun, dein guter Vater, den Fürsten von Joppe mit all seinen Leuten übergeben, ebenso auch seine Stadt. Laß Leute kommen, um sie als Gefangene abzuführen, auf daß du das Haus deines Vaters Amun-Re, des Königs der Götter, anfüllst mit Sklaven und Sklavinnen, die unter deine beiden Füße gefallen sind für immer und ewig[2].‹

Es ist glücklich zu Ende gekommen durch den Ka des fingerfertigen Schreibers, des Militärschreibers [namens . . .].«

[1] Der Wagenlenker.

[2] Die eigentliche Geschichte endet hier. Es folgt wieder die Nachschrift des Verfassers.

Der Prinz
und sein Schicksal

Der Prinz und sein Schicksal

Das Prinzenmärchen wurde in der 19. Dynastie entweder am Ende der Regierungszeit des Pharaos Sethos I. (etwa 1303–1290 v. Chr.), oder zu Beginn der Herrschaft von Pharao Ramses II. (ab 1290 v. Chr.), des Sohnes Sethos' I., verfaßt. Auch der Text dieser Geschichte wurde wieder auf Papyrus niedergeschrieben, und zwar in den zu dieser Zeit üblichen hieratischen Lettern. Die Papyrushandschrift ist unter dem Namen Papyrus Harris 500 bekannt geworden. Heute wird diese Handschrift im British Museum zu London unter der Signatur Pap. 10 060 aufbewahrt. Der Text unseres Märchens steht auf der Rückseite – dem verso – des Papyrus, während sich auf der Vorderseite – dem recto – eine Sammlung von Liebesliedern findet. Auf dem verso steht übrigens auch die Joppe-Geschichte (siehe S. 106), die unserem Märchen vorangeht.

Für die folgende Übersetzung wurde die Veröffentlichung von A. H. Gardiner, Late Egyptian Stories, Bibliotheca Aegyptiaca I, Bruxelles 1932, S. 1–9, herangezogen.

Der Text unserer Volkserzählung, der nur in dieser einen Handschrift auf uns gekommen ist, ist leider unvollständig: Der Schluß der Handschrift ist abgebrochen und verloren. Aufgrund des positiven Ablaufes der Handlung liegt jedoch die Vermutung nahe, daß der Prinz sein Schicksal bezwingt.

»Es war einmal – so sagt man – ein König, dem kein Sohn geboren war. So erbat sich Seine Majestät – sie lebe, sei heil und gesund – einen Sohn von den Göttern ihrer Zeit, und diese befahlen, daß er ihm geboren werde. Da schlief er mit seiner Frau in derselben Nacht und siehe da, sie wurde schwanger. Sie vollendete die Monate der Schwangerschaft, und sie gebar einen Sohn. Es kamen die Hathoren[1], um ihm das Schicksal zu bestimmen, und sie sagten: ›Sterben wird er durch das Krokodil oder die Schlange oder auch den Hund.‹ Als das die Leute hörten, die bei dem Kinde waren, erzählten sie es Seiner Majestät – sie lebe, sei heil und gesund. Da wurde Seine Majestät – sie lebe, sei heil und gesund – über alle Maßen betrübt, und Seine Majestät – sie lebe, sei heil und gesund – ließ ihm ein Haus aus Stein in der Wüste bauen, das ausgestattet war mit Gesinde und allen schönen Dingen des Königshauses. Und das Kind ging nicht nach draußen.

Als nun das Kind groß geworden war, da bestieg es sein Hausdach und erblickte einen Windhund, der hinter einem großen Manne war, welcher des Weges ging. Es sprach zu seinem Diener, der bei ihm war: ›Was ist das, was da herläuft hinter dem großen Manne, der des Weges geht?‹ Da antwortete der ihm: ›Das ist ein Windhund!‹ Da sprach das Kind zu ihm: ›Laß mir herbeibringen so einen wie ihn!‹ Da ging der Diener und erzählte es Seiner Majestät – sie lebe, sei heil und gesund. Und Seine Majestät – sie lebe, sei heil und gesund – sagte: ›Laßt ihm herbeibringen einen

[1] Schicksalsgöttinnen oder Feen.

kleinen Zappler, damit sein Herz nicht traurig wird.‹ Da holte man ihm den Windhund.

Nachdem die Tage hierüber vergangen waren, wurde das Kind größer an seinem ganzen Körper. Da sandte es zu seinem Vater mit den Worten: ›Wie kommt es, daß ich hier noch herumsitze? Siehe, ich bin befohlen den drei Schicksalen. So laß mich handeln nach meinem Herzen, bis der Gott doch tut, was er im Sinne hat.‹ Da spannte man ihm einen Wagen an, ausgerüstet mit allen möglichen Waffen. Und man gab ihm einen Diener als Begleiter mit. Man setzte ihn über auf das östliche Ufer und man sagte zu ihm: ›So gehe nach deinem Belieben!‹ Und sein Windhund war bei ihm.

Er zog gen Norden nach seines Herzens Lust durch die Wüste. Und er lebte vom Besten des Wildes der Wüste. Da gelangte er zu dem Fürsten von Naharina[1]. Aber dem Fürsten von Naharina war nichts geboren worden, abgesehen von einer Tochter. Ihr war ein Haus erbaut worden, dessen Fenster siebzig Ellen[2] vom Boden entfernt war. Er ließ herbeiholen alle Söhne von allen Fürsten des Landes Charu[3], und er sprach zu ihnen: ›Derjenige, der das Fenster meiner Tochter erreichen wird, dem soll sie zur Frau sein.‹

Nachdem viele Tage hierüber vergangen waren und sie bei ihrer täglichen Beschäftigung waren, da kam der Jüngling bei ihnen vorbei. Sie nahmen den Jüngling mit zu ihrem Haus. Sie wuschen ihn; sie gaben seinem Gespann Futter; sie taten alles für den Jüngling; sie salbten ihn ein; sie ver-

[1] Flußlandschaft zwischen Euphrat und Tigris.
[2] 35 m.
[3] Das südliche Syrien.

banden seine beiden Füße; sie gaben seinem Begleiter Brot; sie sagten zu ihm: ›Woher kommst du, du schöner Jüngling?‹ Er sprach zu ihnen: ›Ich bin der Sohn eines Offiziers aus dem Lande Ägypten. Meine Mutter ist gestorben, und mein Vater nahm sich eine andere Frau – ‹meine› Stiefmutter. Sie begann, mich zu hassen. Und so begab ich mich auf die Flucht vor ihr.‹ Da umarmten sie ihn, und sie küßten ihn auf seinem ganzen Körper.

Nachdem viele Tage hierüber vergangen waren, sprach er zu den jungen Leuten: ›Was ist das, was ihr da tut, ihr Jungen?‹ Sie sagten: ›So geht es schon drei Monate, daß wir hier die Zeit verbringen mit dem Hinaufspringen; denn derjenige, der das Fenster der Tochter des Fürsten von Naharina erreichen wird, dem wird er sie zur Frau geben.‹ Da sagte er zu ihnen: ›Oh, wenn doch nicht meine beiden Füße krank wären! Ich würde hingehen, um mit euch hinaufzuspringen.‹ Sie gingen hin, um hinaufzuspringen, wie es ihre tägliche Beschäftigung war, während der Jüngling entfernt stand und zusah. Und das Gesicht der Tochter des Fürsten von Naharina war auf ihn gerichtet.

Nachdem die Tage hierüber vergangen waren, kam der Jüngling, um hinaufzuspringen zusammen mit den jungen Leuten der Fürsten. Er sprang hinauf; er erreichte das Fenster der Tochter des Fürsten von Naharina. Sie küßte ihn; sie umarmte ihn an seinem ganzen Körper. Da ging man hin, um das Herz ihres Vaters zu erfreuen, und man sagte ihm: ›Einer der Leute hat das Fenster deiner Tochter erreicht.‹ Da erkundigte sich der Fürst nach ihm mit den Worten: ›Wessen Sohn unter den Fürsten ist er?‹ Man sagte ihm: ›Der Sohn eines Offiziers. Er ist hergekommen aus dem Lande Ägypten als Flüchtling vor seiner Mutter, der Stiefmutter.‹

Da wurde der Fürst von Naharina sehr wütend, und da sagte er: ›Soll ich etwa meine Tochter dem Flüchtling aus Ägypten geben? Veranlaßt, daß er sich wieder zurücktrollt!‹ Man kam, um ihm zu sagen: ›Du sollst dahin gehen, woher du gekommen bist!‹

Da ergriff die Tochter ihn, und sie beschwor Gott mit den Worten: ›Bei Re-Harachte, wenn man ihn wegreißt von mir, dann werde ich nicht essen, ich werde nicht trinken! Ich will sterben in diesem Augenblick!‹ Da ging der Bote und meldete alles, was sie für ihren Vater gesagt hatte. Ihr Vater ließ Leute hingehen, um ihn auf der Stelle zu töten. ‹Doch› die Tochter sprach zu ihnen: ›Bei Re! Wenn man ihn tötet – die Sonne geht unter, dann bin ich tot! Ich lebe nicht eine Stunde mehr als er!‹

Die ließ ihr Vater den Jüngling herbeiholen, zusammen mit seiner Tochter. Da kam der Jüngling vor ihn, und seine Anmut ging dem Fürsten nahe. Er umarmte ihn; er küßte ihn an seinem ganzen Körper; er sprach zu ihm: ›Sage mir, wer du bist! Siehe, du bist mir wie ein Sohn.‹ Da sprach jener zu ihm: ›Ich bin Sohn eines Offiziers des Landes Ägypten. Meine Mutter starb. Mein Vater nahm sich eine andere Frau. Sie begann mich zu hassen. Da ging ich auf die Flucht vor ihr.‹ Da gab er ihm seine Tochter zur Frau. Und er gab ihm Haus und Feld, desgleichen Vieh und alle guten Dinge.

Als hierüber die Tage vergangen waren, sprach der junge Mann zu seiner Frau: ›Ich bin befohlen drei Schicksalen:

Dem Krokodil, der Schlange, dem Hund.‹ Da sagte sie zu ihm: ›Laß den Hund töten, der bei dir ist!‹ Da sprach er zu ihr: ›Wie töricht! Ich werde meinen Hund nicht töten lassen, den ich aufgezogen habe, seit er klein war.‹ Da begann sie, ihren Ehemann überaus sorgfältig zu bewachen, und sie ließ ihn nicht allein ausgehen.

Aber von dem Tage an, da der Jüngling aus dem Lande Ägypten kam, um zu wandern, folgte ihm das Krokodil seines Schicksals. Es ließ sich nieder ihm gegenüber in der Stadt, in der der junge Mann zusammen mit seiner Frau war, inmitten des Sees. Darin aber war ein Wassergeist. Der Wassergeist ließ das Krokodil nicht herauskommen. Aber auch das Krokodil ließ den Wassergeist nicht in Ruhe laufen. Sondern als die Sonne aufging, da erhoben sie sich und kämpften miteinander jeden Tag für die Zeit von drei Monaten an Tagen.

Als hierüber die Tage vergangen waren, setzte sich der junge Mann und machte sich einen schönen Tag in seinem Hause. Als aber der Abendwind aufhörte, da legte sich der junge Mann auf sein Bett, und der Schlaf bemächtigte sich seiner Glieder. Da füllte seine Frau eine Schale mit Wein, und sie füllte eine andere Schale mit Bier. Es kam eine Schlange aus ihrem Loch hervor, um den jungen Mann zu beißen – aber seine Frau saß neben ihm; sie schlief nicht. Da lockten die Gefäße die Schlange an. Sie trank. Sie wurde betrunken. Da legte sie sich auf den Rücken. Da ließ seine Frau sie mit ihrem Beil in Stücke machen. Dann weckte sie ihren Mann, [und sie erzählte ihm, was geschehen war], indem sie zu ihm sagte: ›Siehe, dein Gott hat eines von deinen Schicksalen in deine Hand gelegt. Er wird dich auch behüten vor den beiden anderen.‹ Da opferte er dem Re, betete ihn an und pries seine Macht jeden Tag.

Als hierüber die Tage vergangen waren, ging der junge Mann aus, um zum Vergnügen in seinem Anwesen spazierenzugehen. [Seine Frau] ging [jedoch] nicht [mit ihm] aus; aber sein Hund folgte ihm. Da nahm sein Hund Stimme an, um [zu sagen: ›Ich bin dein Schicksal!‹]

Da floh er vor ihm. Er erreichte das Wasser. Er sprang in das [Wasser auf der Flucht vor dem] Hund. Da packte ihn das Krokodil. Es nahm ihn mit dorthin, wo der Wassergeist war. [Da] sagte das Krokodil zu dem jungen Mann: ›Ich bin dein Schicksal, das hinter dir hergegangen ist. Aber bis jetzt habe ich drei Monate an Tagen mit dem Wassergeist gekämpft. Doch siehe, ich werde von dir ablassen: Wenn mein Gegner kommt, um zu kämpfen, dann sollst du für mich Partei ergreifen. Töte den Wassergeist! Wenn du schon auf den [Hund] geachtet hast, dann beachte [auch] das Krokodil!‹

Als das Land wieder hell wurde und ein neuer Tag begann, da kam . . .«

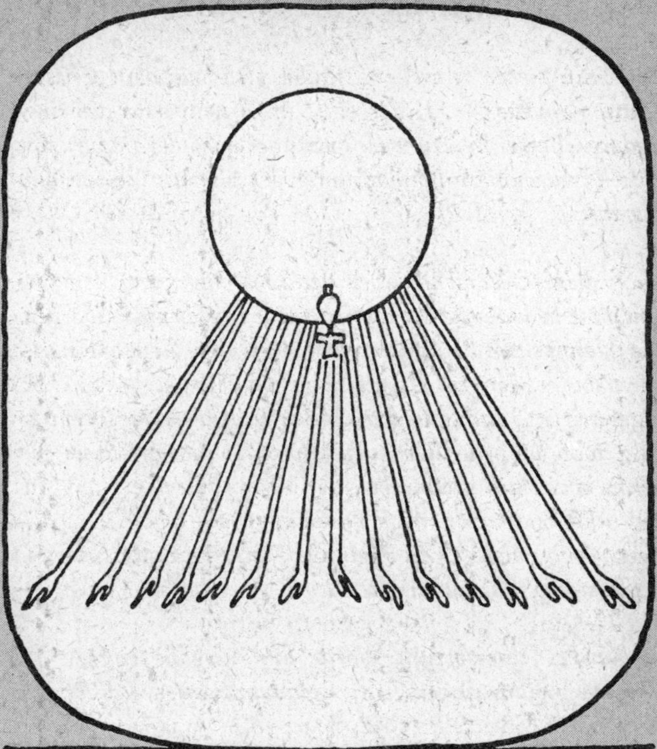

Der Gerechte
und der Falsche

Der Gerechte und der Falsche

Der Text dieses Märchens findet sich auf dem Chester Beatty Papyrus Nr. 2, der einst im Privatbesitz des Engländers Chester Beatty war. Jetzt aber wird der Papyrus im British Museum zu London unter der Signatur 10 682 aufbewahrt.

Auch diese Geschichte über den Gerechten und den Falschen ist in hieratischer Schrift niedergeschrieben worden. Die Handschrift wurde in der Mitte des Neuen Reiches offenbar in der 19. Dynastie (etwa 1305–1196 v. Chr.) angefertigt. Die auf beiden Seiten beschriebene Papyrusrolle war ursprünglich ungefähr 1,40 m lang und nur 10 cm hoch. Ein großer Teil der Rolle, besonders am Anfang und Ende, ist jedoch beschädigt und leider nur fragmentarisch erhalten. Zu Beginn fehlt der Text gänzlich, und der Rest bleibt uns unklar.

Für unsere Übersetzung wurde die Ausgabe von A. H. Gardiner herangezogen: Late Egyptian Stories, Bibliotheca Aegyptiaca I, Bruxelles 1932, S. 30–36.

»Der Gerechte und der Falsche stehen vor der Götterneunheit[1] und streiten sich um einen Dolch. Der Falsche hatte diesen Dolch angeblich an den Gerechten ausgeliehen und fordert ihn jetzt zurück, doch der Gerechte verweigert die Herausgabe.

Es handelt sich um einen Dolch, [dessen Klinge der Berg] von [Jal[2] ist, dessen Schaft die Bäume von Koptos[3] sind], dessen Scheide das Grab Gottes ist, dessen Schlaufe [die Herde von] Kal[4] ist.

Und nun sagte der Falsche zu der Götterneunheit: ›Laßt [den Ge]rechten [holen] und ihm beide Augen ausstechen und ihn zum Pförtner meines Hauses machen!‹ [Da] tat [die] Götterneunheit alles so, wie er es gesagt hatte.

Nachdem viele Tage hiernach vergangen waren, da erhob der Falsche seine Augen, um zu sehen, und er erblick[te] die Tugend des Gerechten, seines älteren Bruders.

Da sagte der Falsche zu zwei Dienern des Gerechten: ›Ach, packt [euch] euren Herrn und werft ihn einem bösen Löwen vor für die vielen Löwinnen, [auf daß sie] ihn [verschlingen], und [zögert nicht]!‹ [Da] packten sie ihn.

[1] Zu dem Kreis der neun Götter zählten schon früh in Heliopolis die Gottheiten Atum, Schu und Tefnut, Geb und Nut, Isis und Nephthys, Osiris und Seth.

[2] Ortschaft im nördlichen Deltagebiet.

[3] Das heutige Qift, etwa 40 km nördlich von Luxor.

[4] Nubische Weidelandschaft.

Aber als sie sich mit ihm aufmachten, da [sagte] der Gerechte [zu seinen Dienern]: ›Nehmt nicht mich, [sondern] nehmt [einen] anderen! [Mich aber laßt hier an diesem Hügel liegen]! Treibt etwas Brot für mich auf, [damit ich hier nicht verhungere, und dann] geht und sagt dem Falschen: ›Als wir [ihn einem Löwen] vorwarfen, kam [dieser] aus der [Höhle] und verschlang ihn [augenblicklich]‹.‹

Nach[dem] viele Tage] hiernach [vergangen waren], da kam [eine Frau] heraus aus [ih]rem Haus, [und ihre Dienerinnen waren bei ihr. Da erblick]ten sie ihn, wie er[1] [dalag unterhalb des Hügels]. Er [war schön, und] nicht [gab es seines]gleichen [im] ganzen Lande.

Da ging [man dorthin, wo die Frau] war, und [man sprach zu ihr]: ›Komm [mit] uns! Schau [dir den schönen Mann] an, der unterhalb des Hügels liegt. Man hole ihn und mache ihn zum Pförtner unseres Hauses!‹

[Darauf] sprach [die Frau] zu ihr[2]: ›Eile [zu] ihm, damit ich ihn sehe!‹ Sie ging; sie holte ihn. [Dann kam er, und die Frau] erblickte ihn. Sie verlangte gar sehr nach ihm, als sie sah, daß er [schön war] an seinem ganzen [Leibe]. Er schlief mit ihr in derselben Nacht. Er erkannte sie, wie ein Mann erkennt. Da ward sie schwanger in dieser Nacht mit einem Knaben.

Nachdem viele [Tage] hiernach vergangen waren, da gebar [sie] einen Sohn, und nicht gab es seinesgleichen im

[1] Der Gerechte.
[2] Eine von den Dienerinnen.

[ganzen] Lande. [Er war] so groß wie ein [. . .]. Er war [wie] ein Gotteskind. Man schickte ihn auf die Schule. Er lernte sehr gut schreiben. Er leistete jede Arbeit eines Mannes. Er nahm es mit seinen älteren Kameraden auf, die mit ihm in der Schule waren.

Da sagten seine Kameraden zu ihm: ›Wessen Sohn bist du? Du hast keinen Vater? Man soll dich verfluchen! Man soll dich quälen, denn du hast keinen Vater!‹ Da sprach der Junge zu seiner Mutter: ›Welches ist der Name meines Vaters, auf daß ich ihn meinen Kameraden nennen kann? Denn immer, wenn sie mit mir reden ›wo ist dein Vater‹ – so sagen sie –, quälen sie mich.‹

Da sprach seine Mutter zu ihm: ›Du siehst den Blinden, der neben der Türe sitzt; der ist dein Vater.‹ So sprach sie zu ihm.

Da sagte er zu ihr: ›Man sollte deine Familienangehörigen zusammenholen und veranlassen, daß sie ein Krokodil rufen!‹

Der Junge holte seinen Vater. Er ließ ihn sich auf einen Stuhl setzen. Er stellte einen Fußschemel unter seine Füße. Er stellte Brot vor ihm hin. Er ließ ihn essen, er ließ ihn trinken. Dann sagte der Junge zu seinem Vater: ›Wer hat dich geblendet? Ich werde mich für dich rächen!‹ Der antwortete ihm: ›Mein jüngerer Bruder ist es, der mich geblendet hat.‹ Und er berichtete ihm alles, was mit ihm geschehen war.

Er ging fort, um seinen Vater zu rächen. Er packte zehn Brote ein, einen Stock, ein Paar Sandalen, einen

Schlauch[1], ein Schwert. Er holte ein sehr schönes Rind, schön an Farbe. Er ging dorthin, wo der Hirt vom Falschen war. Er sprach zu ihm: ›Ach, nimm dir die zehn Brote und den Stock, den Schlauch, das Schwert, das Paar Sandalen und hüte mir das Rind, bis ich aus dem Dorf zurückkehre.‹

Nachdem viele Tage hiernach vergangen waren, da hatte sein Rind viele Monate bei dem Hirten vom Falschen vollendet. Da ging der Falsche aufs Feld, um nach seinen Rindern zu schauen und erblickte das Rind des Jungen. Es war sehr, sehr schön an Farbe.

Da sprach er zu seinem Hirten: ›Gib mir dieses Rind, damit ich es esse!‹ Der Hirt sagte zu ihm: ›Mir gehört es nicht! Ich kann es dir nicht geben.‹ Da sagte der Falsche zu ihm: ›Schau, alle meine Rinder hast du! Gib das eine von ihnen seinem Herrn!‹

Da erfuhr der Junge, daß der Falsche sein Rind weggenommen hatte. Er ging dorthin, wo der Hirte vom Falschen war. Er sprach zu ihm: ›Wo ist mein Rind? Ich erblicke es nicht inmitten deiner Rinder.‹

Da sagte der Hirt zu ihm: ›Diese Rinder sind alle für dich. Nimm dir das weg, nach welchem dein Sinn steht!‹ Da sprach der Junge zu ihm: ›Gibt es ein Rind, so groß wie mein eigenes Rind? Wenn es auf dem Weideland des Amun steht, dann liegt der Quast seines Schwanzes auf dem Papyrussumpf, während sein eines Horn auf dem Gebirge des Westens ist und sein anderes auf dem Gebirge des Ostens.

[1] Ein Wasserschlauch.

Und der große Fluß ist sein Ruheplatz. Ihm werden sechzig Kälber täglich geboren.‹

Da sagte der Hirt zu ihm: ›Gibt es ein Rind, so groß, wie du sagst?‹ Der Junge packte ihn. Er schleppte ihn dorthin, wo der Falsche war. Er brachte den Falschen zum Gericht vor die Götterneunheit.

Da sagten sie zu dem Jungen: ›Falsch [ist, was du behauptet hast. Denn nicht] haben wir ein Rind gesehen, so groß, wie du sagtest.‹

Da [sprach] der Junge zu der Göt[terneunheit]: ›Gibt es ein Schwert, so groß, wie ihr sagtet? Dessen Klinge sei der Berg von Jal, [dessen] Schaft die Bäume von Koptos, dessen Scheide das Grab des Gottes, dessen Schlaufen die Herde von Kal.‹ Und dann sagte er zu der Götterneunheit: ›Richtet den Gerechten und den Falschen! Ich bin dessen Sohn, der gekommen ist, um ihn zu rächen!‹

Da tat der Falsche einen Eid beim Herrscher – [er lebe], sei heil und gesund – mit den Worten: ›So wahr Amun lebe, so wahr der Herrscher lebe! Wenn [man] den Gerechten findet und er lebt, soll man ihm seine beiden Augen ausstechen, und man soll ihn [zum Pförtner] im [Hause eines Falschen] machen!‹

Da [tat] der Junge [einen Eid beim Herrscher – er lebe, sei heil und gesund – mit den Worten: ›So wahr Amun lebe, so wahr der Herrscher lebe! Wenn] man ihn findet und er lebt, soll man [dem Falschen eine schwere Strafe zufü]gen [und] ihm mit einhundert Hieben fünf Wunden [schla]gen. [Man] soll ihm sei[ne beiden Augen] ausstechen, [und man soll ihn zum Pförtner] im Hause des Gerechten machen!‹

[Dann rächte der Junge seinen Vater, und so wurde der Streit entschie]den zwischen dem Gerechten und dem Falschen.

[Es ist glücklich zu Ende] gekommen [durch den Schreiber des] Tempels, rein an beiden Händen [– Amun sei ihm gnädig –, den Schreiber des] Königspalastes, den Schreiber des Amun[tempels], den fingerfertigen Schreiber Rana – [er möge leben, heil und gesund sein!]«

Die beiden Brüder

Die beiden Brüder

Das Märchen von den beiden Brüdern stammt aus dem Neuen Reich. Der uns auch in anderen Handschriften genannte Schreiber Enena hat es in der 19. Dynastie von einer anderen Vorlage abgeschrieben. Enena war der Schüler von Kagab, der unter dem Pharao Sethos II. lebte. Von Sethos II. wissen wir, daß er in der Zeit von 1210–1204 v. Chr. regierte. Unser Text entstand, als Sethos II. noch Kronprinz von Ägypten war.

Der in hieratischer Schrift abgefaßte Text ist in einer Papyrusrolle auf uns gekommen. Im Jahre 1852 hat de Rougé diese Handschrift in Oberägypten entdeckt. Bekanntgeworden ist sie dann unter dem Namen Papyrus d'Orbiney, so benannt nach ihrem letzten privaten Besitzer, ehe sie in das British Museum zu London gelangte, wo sie heute unter der Signatur 10 183 aufbewahrt wird.

Unserer Übersetzung liegt die Veröffentlichung von A. H. Gardiner, Late Egyptian Stories, Bibliotheca Aegyptiaca I, Bruxelles 1932, S. 9–29, zugrunde.

»Es waren einmal, so wird berichtet, zwei Brüder von einer Mutter und von einem Vater. Anubis war der Name des älteren und Bata der Name des jüngeren. Anubis aber, der besaß ein Haus und der besaß eine Frau, während sein jüngerer Bruder bei ihm war wie ein Sohn. Dieser war es, der für ihn Kleider machte und der hinter seinem Vieh herging auf das Feld. Und er war es, der pflügte und für ihn erntete. Und er war es, der für ihn jegliche Arbeit, die es auf dem Felde gibt, ausführte.

Sein jüngerer Bruder aber war ein eifriger Kämpfer. Nicht gab es seinesgleichen im ganzen Lande, und die Macht Gottes war in ihm.

Nachdem viele Tage hiernach vergangen waren, da hütete sein jüngerer Bruder sein Vieh nach seiner täglichen Gewohnheit. Und er kehrte heim zu seinem Hause jeden Abend, indem er beladen war mit allerlei Pflanzen des Feldes, mit Milch, mit Holz und mit allen schönen Dingen des Feldes. Und er legte sich vor seinen älteren Bruder, der dasaß zusammen mit seiner Frau. Und er trank und aß und ging schlafen in seinem Stall inmitten seines Viehs.

Nachdem das Land wieder hell geworden war und der andere Tag begonnen hatte, da bereitete er ein gekochtes Essen zu und stellte es vor seinen älteren Bruder; und er gab ihm Brot mit aufs Feld. Und er holte seine Rinder heraus, um sie fressen zu lassen auf dem Felde. Als er hinter seinen Rindern herging, sagten sie zu ihm: ›Gut ist das Kraut an einem gewissen Platz.‹ Und er hörte alles, was sie sagten. Und er brachte sie zu der schönen Stelle des Krautes, das sie sich wünschten. So wurden die Rinder, die er hütete, sehr schön; sie vermehrten sich sehr.

Zur Zeit des Pflügens nun sagte sein älterer Bruder zu ihm: ›Laß uns Rinder zurüsten zum Pflügen, denn der Acker ist hervorgekommen[1], und er ist gut zu pflügen. Und komme auch auf das Feld mit Samenkörnern, denn wir werden morgen fleißig pflügen!‹ So sprach er zu ihm. Da hat sein jüngerer Bruder jedes Einzelne getan, von dem ihm sein älterer Bruder gesagt hatte: ›Tue es!‹

Nachdem das Land wieder hell geworden war und der andere Tag begonnen hatte, gingen sie auf das Feld mit ihren Samenkörnern und pflügten fleißig. Und sie freuten sich gar sehr bei ihrer Arbeit, ihrer Anfangsarbeit[2].

Nachdem viele Tage hiernach vergangen waren, da waren sie auf dem Felde und benötigten Samenkörner. Da schickte er seinen jüngeren Bruder mit den Worten: ›Gehe und hole uns Samenkörner aus dem Wohnort!‹

Sein jüngerer Bruder fand die Frau seines älteren Bruders vor, wie sie dasaß beim Haareflechten. Da sagte er zu ihr: ›Stehe auf, gib mir Samenkörner und ich eile ‹wieder› aufs Feld, denn mein älterer Bruder wartet auf mich. Zaudere nicht!‹ Da sagte sie zu ihm: ›Geh und öffne den Speicher und hole dir das, was du im Sinne hast, daß nur nicht meine Frisur unvollkommen bleibt!‹ Da betrat der junge

[1] Das Ackerland war vom Nil überschwemmt worden. Jetzt weicht die Flut zurück und das Land kommt wieder hervor.

[2] Es ist die erste Arbeit, die sie jetzt nach dem Zurückgehen der Flut verrichten.

Bursche seinen Stall. Er holte einen großen Krug. Er hatte vor, viele Samenkörner fortzunehmen. Er belud sich mit Gerste und Emmer und ging hinaus damit. Da sagte sie zu ihm: ›Was ist das für ein Gewicht, das auf deiner Schulter ist?‹ Da sagte er zu ihr: ›Drei Sack Emmer und zwei Sack Gerste, zusammen fünf. Das ist es, was auf meiner Schulter ist.‹ So sagte er zu ihr. Da redete sie mit ihm und sagte: ›Viel Kraft hast du! Und ich sehe deine Stärke täglich.‹ Und sie wünschte ihn so kennenzulernen, wie man einen Mann erkennt. Da stand sie auf. Sie faßte ihn; sie sprach zu ihm: ›Komm, wir wollen miteinander ein Stündchen zubringen und schlafen! Erfreulich ist das für dich. Dann mache ich dir ‹auch noch› schöne Kleider.‹

Da wurde der junge Mann vor Zorn wie ein oberägyptischer Leopard wegen des bösen Antrages, den sie ihm gesagt hatte, und sie fürchtete sich sehr. Da redete er zu ihr und sprach: ›Aber siehe, du bist zu mir wie eine Mutter. Und dein Mann ist zu mir wie ein Vater, denn er, der älter ist als ich, er hat mich aufgezogen. Was soll dieses große Greuel, das du zu mir gesagt hast? Sage es mir nicht noch einmal! Indessen werde ich es keinem sagen, und ich werde es nicht hinausgehen lassen aus meinem Munde zu irgendeinem Menschen.‹ Er lud seine Last auf und ging aufs Feld. Dann gelangte er zu seinem älteren Bruder. Sie arbeiteten fleißig bei ihrer Arbeit.

Nachdem aber die Abendzeit gekommen war, da kehrte sein älterer Bruder zu seinem Haus zurück, während sein jüngerer Bruder sein Vieh versorgte. Er belud sich mit allerlei Dingen des Feldes. Er trieb sein Vieh vor sich her, um es schlafen zu lassen in seinem Stall, der in dem Wohnort war.

Aber die Frau seines älteren Bruders fürchtete sich wegen des Antrages, den sie gesagt hatte. Da holte sie Fett und Talg, und sie wurde, als ob sie zu Unrecht geprügelt wurde, um ihrem Manne zu sagen: ›Dein jüngerer Bruder war es, der mich geprügelt hat.‹

Ihr Mann kehrte am Abend zurück wie an jedem Tag. Er gelangte zu seinem Haus. Er fand seine Frau daliegen und heuchlerisch krank. Nicht goß sie Wasser auf seine Hand, wie er es gewohnt war. Nicht zündete sie ‹Feuer› vor ihm an; sein Haus lag im Dunkeln. Sie lag da und erbrach sich. Ihr Mann sprach zu ihr: ›Wer hat mit dir gesprochen?‹ Da sagte sie zu ihm: ›Niemand hat mit mir gesprochen außer dein jüngerer Bruder. Als er kam, um für dich Samenkörner zu holen, fand er mich allein dasitzen, und er sprach zu mir: ›Komm, wir wollen ein Stündchen zubringen und schlafen. Mache deine Haare zurecht!‹ So sagte er zu mir. Aber ich hörte nicht auf ihn. ›Bin ich denn nicht deine Mutter? Ist nicht auch dein älterer Bruder zu dir wie ein Vater?‹ So sagte ich zu ihm. Da fürchtete er sich. Er prügelte mich, um nicht zuzulassen, daß ich dir berichte. Wenn du zuläßt, daß er lebt, werde ich selbst sterben. Siehe, wenn er am Abend kommt, töte ihn! Denn wenn ich diese böse Anklage erhebe, dann wird er sie rein sein lassen.‹

Da wurde sein älterer Bruder wie ein oberägyptischer Leopard. Er schärfte seine Lanze. Er nahm sie in seine Hand. Da stellte sich sein älterer Bruder hinter die Tür seines Stalles, um seinen jüngeren Bruder zu töten, wenn er am Abend heimkommt, um sein Vieh in den Stall hineingehen zu lassen.

Als die Sonne unterging, belud der sich mit allerlei Kraut des Feldes wie an jedem Tag und kam heim. Die Leitkuh ging hinein in den Stall und sagte zu ihrem Hirten: ›Siehe, dein älterer Bruder steht da vor dir mit seiner Lanze, um dich zu töten. Lauf weg vor ihm!‹ Und er hörte, was seine Kuh sagte. Die andere trat ein, und sie sagte dasselbe. Da guckte er unter die Tür seines Stalles und erblickte die Füße seines älteren Bruders. Der stand da hinter der Tür, und seine Lanze war in seiner Hand. Er warf seine Last auf den Boden und machte sich zu Fuß auf die Flucht. Sein älterer Bruder lief hinter ihm her mit seiner Lanze.

Da betete sein jüngerer Bruder zu Re-Harachte und sagte: ›Mein guter Herr! Du bist doch der, der den Sünder von dem Gerechten sondert!‹ Da erhörte Re all seine Gebete. Und Re ließ ein großes Wasser entstehen zwischen ihm und zwischen seinem älteren Bruder, das voll war mit Krokodilen. Der eine von ihnen befand sich auf der einen Seite, der andere auf der anderen. Sein älterer Bruder schlug sich zweimal auf seine Hand, weil er ihn nicht getötet hatte.

Da rief ihm sein jüngerer Bruder auf der einen Seite zu und sagte: ›Bleib hier stehen, bis die Erde hell wird! Wenn die Sonne aufgeht, werde ich mit dir vor ihr rechten, und sie wird den Sünder dem Gerechten übergeben. Denn ich werde nicht mehr mit dir zusammen sein für immer! Nicht werde ich an dem Ort sein, an dem du bist! Ich werde zu dem Zederntal gehen!‹

Nachdem das Land hell geworden war und der andere Tag begonnen hatte, da ging Re-Harachte auf, und der eine erblickte den anderen. Da redete der junge Mann mit seinem älteren Bruder und sagte: ›Was kommst du hinter mir her?

Um mich zu töten aufgrund einer Lüge? Und ohne daß du meinen Mund reden hörtest? Ich bin doch dein jüngerer Bruder! Du bist zu mir wie ein Vater. Deine Frau ist zu mir wie eine Mutter. Ist es nicht so? Als ich geschickt wurde, um für uns Samenkörner zu holen, da sagte deine Frau zu mir: ›Komm, wir wollen ein Stündchen zubringen und schlafen.‹ Aber siehe, es ist dir verdreht worden zu etwas Anderem.‹ Da ließ er ihn all das wissen, was mit ihm und seiner Frau geschehen war.

Da schwur er bei Re-Harachte und sagte: ›Daß du kommst, um mich zu töten mit deiner Lanze aufgrund einer Lüge um einer dreckigen Hure willen!‹ Da holte er eine Schneide aus Schilf. Er schnitt sein Glied ab. Er warf es in das Wasser. Der Wels verschlang es. Er wurde schwach, er wurde elend. Sein älterer Bruder wurde über alle Maßen krank im Herzen. Da stellte er sich hin und weinte laut über ihn. Nicht konnte er dorthin übersetzen, wo sein jüngerer Bruder war, wegen der Krokodile.

Da rief sein jüngerer Bruder ihm zu und sagte: ›Wenn du dich erinnerst einer bösen Sache, hast du nicht ‹auch› gedacht an eine gute oder an irgend etwas, das ich für dich tat? Gehe zu deinem Haus und sorge für dein Vieh! Denn ich werde nicht an dem Ort stehenbleiben, an dem du bist, sondern ich werde zu dem Zederntal gehen. Das, was du für mich tun sollst, ist, daß du kommst, um für mich zu sorgen, sobald du erfährst, daß mir etwas zugestoßen ist. Denn ich werde mein Herz herausnehmen und es oben auf die Blüte der Zeder legen. Und wenn die Zeder gefällt wird und es auf den Boden fällt und du kommst, um es zu suchen – und wenn du es auch sieben Jahre suchen mußt – laß dein Herz nicht zurückweichen! Wenn du es findest und es legst in eine Schale mit frischem Wasser, dann werde ich wieder leben und dem antworten, der mich verletzt hat. Und du erfährst, daß mir etwas zugestoßen ist, wenn man dir einen Bierkrug in deine Hand gibt und er überläuft. Bleibe ‹dann› nicht stehen, wenn wahrlich dir so geschieht!‹

Dann ging er in das Zederntal. Sein älterer Bruder ging in sein Haus, während seine Hände auf seinen Kopf gelegt waren. Er war mit Staub beschmiert. Da kam er zu seinem Haus. Er tötete seine Frau. Er warf sie den Hunden vor. Er saß da in Trauer über seinen jüngeren Bruder.

Nachdem viele Tage hiernach vergangen waren, war sein jüngerer Bruder in dem Zederntal. Niemand war bei ihm. Er verbrachte den Tag ‹damit›, das Wild der Wüste zu jagen. Er kehrte abends zurück, um unter der Zeder zu schlafen, auf deren Blüte sein Herz lag.

Nachdem viele Tage hiernach vergangen waren, da baute er sich mit eigener Hand in dem Zederntal ein Schloß, das voll war von allen schönen Dingen, in der Absicht, sich einen Hausstand zu gründen.

Da kam er ‹einmal› aus seinem Schloß heraus und traf die Götterneunheit, als sie ging und für ihr ganzes Land sorgte. Da redete die Götterneunheit miteinander und sprach zu Ihm: ›Oh, Bata, du Stier der Götterneunheit! Bist du hier allein und hast deinen Wohnort verlassen wegen der Frau des Anubis, deines älteren Bruders? Siehe, er hat seine Frau getötet, doch du hast ihm erwidert, was dir alles zugefügt wurde.‹ Ihre Herzen waren sehr traurig über ihn. Re-Harachte sprach zu Chnum[1]: ›Ach, bilde eine Frau für Bata, damit er nicht alleine sitzt!‹ Da machte Chnum ihm eine Sitzgenossin, deren Körper schöner war als der aller Frauen im ganzen Lande, und jeder Gott war in ihr.

Da kamen die sieben Hathoren, um sie anzuschauen. Sie sprachen mit einem Munde: ›Die wird eines gewaltsamen Todes sterben!‹

Da begehrte er sie sehr. Sie saß in seinem Hause. Er ‹indes› verbrachte die Zeit und jagte das Wild der Wüste und brachte und legte es vor sie. Er sagte zu ihr: ›Gehe nicht nach draußen, damit nicht das Meer dich ergreift! Ich freilich kann dich nicht retten vor ihm, denn ich bin eine Frau wie du: Mein Herz liegt oben auf der Blüte der Zeder. Und wenn einer es findet, werde ich mit ihm kämpfen. Da öffnete er sich ihr in jeder Hinsicht.

Nachdem viele Tage hiernach vergangen waren, ging Bata, um zu jagen nach seiner täglichen Gewohnheit. Da kam die junge Frau heraus, um spazierenzugehen unter der Zeder, die neben ihrem Hause war. Da erblickte sie das Meer, wie es hinter ihr herrollte. Sie machte sich auf, um vor ihm zu fliehen, und sie erreichte ihr Haus.

Da rief das Meer zu der Zeder und sprach: ›Ergreife sie mir!‹ Die Zeder holte eine Locke ihres Haares, und das Meer brachte diese nach Ägypten und legte sie an die Stelle der Wäscher des Pharaos – er lebe, sei heil und gesund. Da gelangte der Duft der Haarlocke in die Kleider des Pharaos – er lebe, sei heil und gesund. Man[2] zankte mit den

[1] Der Schöpfergott Chnum formt den Menschen auf der Töpferscheibe.
[2] Der Pharao ist gemeint.

Wäschern des Pharaos – er lebe, sei heil und gesund – und sagte: ›Salbenduft ist ‹noch› in den Kleidern des Pharaos – er lebe, sei heil und gesund!‹ Und man[1] geriet in Streit mit ihnen täglich, und nicht wußten sie, was sie tun sollten. Der Oberwäscher des Pharaos – er lebe, sei heil und gesund – ging zum Ufer. Es stank seinem Herzen wegen des täglichen Geschimpfes mit ihm.

Da blieb er stehen. Er stand da auf dem Sand gegenüber der Haarlocke, die im Wasser war. Er ließ hinabsteigen. Man brachte sie ihm. Man fand ihren Duft sehr lieblich. Er nahm sie mit zum Pharao – er lebe, sei heil und gesund.

Da holte man die Schreiber und Alleswissenden des Pharao – er lebe, sei heil und gesund. Da sprachen sie zum Pharao – er lebe, sei heil und gesund: ›Diese Haarlocke, sie gehört einer Tochter des Re-Harachte, und der Same eines jeden Gottes ist in ihr. Sie ist ein Gruß für dich aus einem anderen Land. Sende Boten in alle Länder, um sie zu suchen. Aber was den Boten angeht, der in das Zederntal geht: Schicke viele Leute mit ihm, um sie zu holen.‹ Da sagte Seine Majestät – er lebe, sei heil und gesund: ›Sehr gut ist, was ihr sagt!‹ Man ließ sie fortgehen.

Nachdem viele Tage hiernach vergangen waren, da kamen die Leute, die in das Fremdland gezogen waren, zurück, um Seiner Majestät – sie lebe, sei heil und gesund – Bericht zu erstatten. Und nicht kamen die zurück, die in das Zederntal gegangen waren, denn getötet hatte sie Bata. Er hatte ‹aber› einen von ihnen übriggelassen, damit er Bericht erstatten konnte Seiner Majestät – sie lebe, sei heil und gesund.

[1] Der Pharao ist gemeint.

Da schickte Seine Majestät – sie lebe, sei heil und gesund – viele Soldaten und Wagenkämpfer, um sie zu holen. Eine Frau war bei ihnen. Man hatte ihr jeglichen schönen Frauenschmuck in ihre Hand gegeben.

Da kam die Frau zurück nach Ägypten zusammen mit ihr. Dieser jubelte man im ganzen Lande zu. Da liebte Seine Majestät – sie lebe, sei heil und gesund – sie sehr. Man[1] ernannte sie zur großen Haremsfrau.

Da redete man[1] mit ihr in der Absicht, daß sie die Gewohnheiten ihres Mannes erzähle. Sie sprach zu Seiner Majestät – sie lebe, sei heil und gesund: ›Laß die Zeder fällen und sie vernichten!‹

Man schickte Soldaten mit ihren Geräten, um die Zeder zu fällen. Sie gelangten zu der Zeder. Sie schnitten die Blüte ab, auf der das Herz des Bata war. Der fiel in diesem Augenblick tot um.

Nachdem das Land wieder hell geworden war, der andere Tag begonnen hatte und die Zeder gefällt worden war, da betrat Anubis, der ältere Bruder des Bata, sein Haus. Er setzte sich, um seine Hände zu waschen. Man reichte ihm einen Krug Bier, und er schäumte über. Man reichte ihm einen anderen mit Wein, und er wurde trübe.

Da nahm er seinen Stock und seine Sandalen, ebenso seine Kleider und seine Waffen. Er machte sich auf, um in das Zederntal zu marschieren. Er trat in das Schloß seines jüngeren Bruders ein. Er fand seinen jüngeren Bruder auf sei-

[1] Der Pharao ist gemeint.

nem Bette tot daliegen. Er weinte, als er seinen jüngeren Bruder daliegen sah als Toten. Er ging, um das Herz seines jüngeren Bruders unter der Zeder zu suchen, unter der sein jüngerer Bruder abends geschlafen hatte. Er verbrachte drei Jahre, um es zu suchen – nicht fand er es. Und als er das vierte Jahr anfing, da wünschte sein Herz wieder nach Ägypten zu gehen. Er sprach: ›Ich werde morgen losgehen.‹ So sagte er in seinem Herzen.

Nachdem das Land wieder hell geworden war und der andere Tag begonnen hatte, da machte er sich auf und ging unter die Zeder. Er verbrachte den Tag, um es zu suchen. Er hörte am Abend auf. Noch einmal verbrachte er einen Augenblick, es zu suchen. Da fand er eine Frucht. Er nahm sie mit heim – und dies war das Herz seines jüngeren Bruders. Er holte eine Schüssel frischen Wassers. Er legte es hinein. Er saß da nach seiner täglichen Gewohnheit.

Nachdem es Nacht geworden war, da hatte sein Herz das Wasser geschluckt, und Bata zitterte an all seinen Gliedern. Er begann, nach seinem älteren Bruder zu schauen. Doch sein Herz war ‹noch› in der Schüssel. Da nahm Anubis, sein älterer Bruder, die Schüssel frischen Wassers, in der das Herz seines jüngeren Bruders war, und er gab es ihm zu trinken. Da stand sein Herz ‹wieder› an seinem Platz, und er wurde, wie er gewesen war.

Da umarmte einer den anderen, und der eine redete mit dem anderen. Da sagte Bata zu seinem älteren Bruder: ›Siehe, ich werde ein großer Stier werden, der von jeglicher schöner Farbe ist und dessen Art man nicht kennt. Du wirst dich auf meinen Rücken setzen, bis die Sonne aufgeht. Und wir werden dorthin gelangen, wo meine Frau ist, auf daß ich ihr erwidere. Du wirst mich dorthin bringen, wo man[1] ist, denn man[1] wird dir alles Gute tun. Und man[1] wird mich dir in Silber und Gold aufwiegen, weil du mich führst zum Pharao – er lebe, sei heil und gesund. Denn ich werde ein großes Wunder werden, und man wird mir zujubeln im ganzen Lande. Und du gehst ‹danach› in deinen Wohnort.

Nachdem das Land wieder hell geworden war und der andere Tag begonnen hatte, da wurde Bata zu der Gestalt, von der er seinem älteren Bruder gesagt hatte. Da setzte sich Anubis, sein älterer Bruder, auf seinen Rücken, als das Land hell wurde. Er gelangte dorthin, wo man[1] war. Man ließ Seine Majestät – sie lebe, sei heil und gesund – über ihn wissen. Der betrachtete ihn; er geriet sehr in Freude über ihn. Er machte ihm ein großes Opfer und sprach: ›Das ist ein großes Wunder, was geschehen ist!‹ Man jubelte ihm zu im ganzen Lande.

Da wog man[1] ihn auf mit Silber und Gold gegenüber seinem älteren Bruder. Und der ließ sich nieder in seinem Wohnort. Man[1] gab ihm viele Leute und viele Dinge, und Pharao – er lebe, sei heil und gesund – liebte ihn sehr, mehr als alle Menschen, die im ganzen Lande waren.

Nachdem viele Tage hiernach vergangen waren, da trat er in den Wirtschaftsraum ein. Er stellte sich dorthin, wo die Dame war. Er begann mit ihr zu reden und sagte: ›Siehe, ich lebe noch!‹ Sie sagte zu ihm: ›Wer bist du denn?‹ Er sagte zu ihr: ›Ich bin Bata. Du weißt ‹doch›, als du fällen ließest die Zeder für den Pharao – er lebe, sei heil und ge-

[1] Der Pharao ist gemeint.

sund –, geschah das meinetwegen, um mich nicht weiterleben zu lassen. Siehe, ich lebe dennoch! Ich bin ein Stier!‹

Da fürchtete sich die Dame sehr auf Grund der Mitteilung, die ihr Mann ihr gesagt hatte. Dann ging er aus dem Wirtschaftsraum hinaus.

Seine Majestät – sie lebe, sei heil und gesund – setzte sich hin und verbrachte einen schönen Tag mit ihr. Sie schenkte Seiner Majestät – sie lebe, sei heil und gesund – ein. Man[1] war sehr gut zu ihr. Da sagte sie zu Seiner Majestät – sie lebe, sei heil und gesund: ›Schwöre mir bei Gott mit den Worten: ›Das, was du sagen wirst, werde ich dir erhören‹!‹ Und er erhörte, was sie alles gesagt hatte: ›Laß mich essen von der Leber dieses Stieres, denn er wird nicht zu irgend etwas taugen!‹ So sagte sie zu ihm. Man[1] war sehr krank über das, was sie gesagt hatte. Das Herz des Pharao – er lebe, sei heil und gesund – war sehr mitleidig mit ihm.

Nachdem das Land wieder hell geworden war und der andere Tag begonnen hatte, rief man[1] ein großes Opferfest aus für die Darbringung des Stieres. Man[1] ließ einen der ersten königlichen Schlächter Seiner Majestät – sie lebe, sei heil und gesund – gehen, um den Stier schlachten zu lassen. Als er auf den Schultern der Leute war, schüttelte er seinen Nacken. Er ließ zwei Tropfen Blut hinfallen neben die beiden Türpfosten Seiner Majestät – sie lebe, sei heil und gesund. Der eine geriet auf die eine Seite des großen Tores des Pharao – er lebe, sei heil und gesund –, der an-

[1] Der Pharao ist gemeint.

dere auf die andere des Tores. Sie wuchsen zu zwei großen Perseabäumen[1] heran, jeder von ihnen war erstklassig.

Da ging man, um Seiner Majestät – sie lebe, sei heil und gesund – zu sagen: ›Zwei große Perseabäume sind gewachsen als großes Wunder für Seine Majestät – sie lebe, sei heil und gesund – in dieser Nacht neben dem großen Tor Seiner Majestät – sie lebe, sei heil und gesund.‹ Man jubelte über sie im ganzen Lande. Man[2] opferte für sie.

Nachdem viele Tage hiernach vergangen waren, erschien Seine Majestät – sie lebe, sei heil und gesund – an dem Fenster aus Lapislazuli[3], einen Kranz von allerlei Blumen an seinem Hals. Und er war auf einem Wagen aus Gold. Er kam aus dem Haus des Königs[4] – er lebe, sei heil und gesund – heraus, um die Perseabäume anzuschauen. Da kam die Dame im Wagen hinter Pharao – er lebe, sei heil und gesund – her. Da setzte sich Seine Majestät – sie lebe, sei heil und gesund – unter einen der Perseabäume, und die Dame setzte sich unter den anderen. Da redete Bata mit seiner Frau: ›Ha, du Falsche! Ich bin Bata, ich lebe dir zum Trotz! Du weißt ‹doch›, als du fällen ließest die Zeder für den Pharao – er lebe, sei heil und gesund –, geschah das meinetwegen. Ich wurde ein Stier, und du hast mich töten lassen!‹

Nachdem viele Tage hiernach vergangen waren, da stellte sich die Dame hin und schenkte Seiner Majestät – sie

[1] Eine Mimosenart: Mimusops schimperi.
[2] Der Pharao ist gemeint.
[3] An dem sogenannten Erscheinungsfenster des Palastes zeigte sich der Pharao dem Volke. Das Fenster ist hier mit Lapislazuli eingefaßt.
[4] Das »Haus des Königs« ist der Palast.

lebe, sei heil und gesund – ein. Man[1] war gut zu ihr. Sie sagte zu Seiner Majestät – sie lebe, sei heil und gesund: ›Schwöre mir bei Gott mit den Worten: ›Das, was die Dame mir sagen wird, werde ich ihr erhören!‹ So sollst du sagen.‹ Und er erhörte, was sie alles gesagt hatte. Sie sagte: ›Laß fällen die beiden Perseabäume und sie zu schönen Möbeln machen!‹ Da erhörte man alles, was sie gesagt hatte.

Nachdem einige Zeit vergangen war, da ließ Seine Majestät – sie lebe, sei heil und gesund – erfahrene Handwerker gehen. Man fällte die Perseabäume Pharaos – er lebe, sei heil und gesund. Da schaute die königliche Gemahlin, die Dame, zu. Ein Splitter flog ‹weg› und drang ein in den Mund der Dame. Da schluckte sie ihn hinunter. Sie wurde schwanger zu derselben Zeit. Und man[1] machte alles, was sie in ihrem Herzen hatte, aus ihnen[2].

Nachdem viele Tage hiernach vergangen waren, da gebar sie einen Sohn. Man ging, um Seiner Majestät – sie lebe, sei heil und gesund – zu sagen: ›Dir ist ein Sohn geboren!‹

Da holte man ihn. Man gab ihm eine Amme und Wärterinnen. Man jubelte ihm zu im ganzen Lande. Man[1] setzte sich und verbrachte einen schönen Tag. Man geriet in Jubel über ihn. Seine Majestät – sie lebe, sei heil und gesund – liebte ihn sehr von dieser Stunde an. Man[1] ernannte ihn zum Königssohn von Nubien[3].

[1] Der Pharao ist gemeint.
[2] Aus den beiden Bäumen machte man die Möbel.
[3] Er wurde Vizekönig des Gebietes zwischen dem 1. und 2. Katarakt.

Nachdem viele Tage hiernach vergangen waren, da machte Seine Majestät – sie lebe, sei heil und gesund – ihn zum Erbprinzen des ganzen Landes.

Nachdem viele Tage hiernach vergangen waren und er viele Jahre verbracht hatte als Erbprinz im ganzen Lande, da flog[1] Seine Majestät – sie lebe, sei heil und gesund – gen Himmel. Da sprach man[2]: ›Man soll mir herbeibringen die hohen Beamten Seiner Majestät – sie lebe, sei heil und gesund –, damit ich sie wissen lasse, was alles mit mir geschehen ist.‹

Da holte man ihm seine Frau, und er rechnete mit ihr ab vor ihnen; und man stimmte bei ihnen mit Ja. Man holte ihm seinen älteren Bruder; er machte ihn zum Erbprinzen im ganzen Lande. Er[3] war dreißig Jahre König von Ägypten und ging aus dem Leben. Sein älterer Bruder trat an seine Stelle an dem Tage des Ankommens[4].

Es kam glücklich und in Frieden von dem Schatzhaus-Schreiber Kagab vom Schatzhaus des Pharao – er lebe, sei heil und gesund –, von dem Schreiber Hori und dem Schreiber Meremipet. Angefertigt hat es der Schreiber Enena, der Besitzer dieser Handschriftenrolle. Wer gegen diese Handschrift redet, zu dem wird Thot ‹wie› ein Feind sein.«

[1] Er starb und seine Seele stieg empor gen Himmel.
[2] Der neue König Bata.
[3] Bata.
[4] Als Bata starb und seine Seele im Himmel ankam – Das Brüdermärchen ist hier zu Ende. Der Schreiber, der es von einer anderen Handschrift abgeschrieben hat, bringt nachstehenden Vermerk.

Der Streit zwischen Horus und Seth

Der Streit zwischen Horus und Seth

Diese Erzählung handelt von dem Streit zwischen den beiden Göttern Horus und Seth. Sie ist auf der Vorderseite – dem recto – eines noch sehr gut erhaltenen Papyrus überliefert. Der Text wurde in hieratischer Schrift in der damaligen Reichshauptstadt Theben niedergeschrieben. Man verfaßte ihn in der 20. Dynastie unter der Regierungszeit von Pharao Ramses V., der um 1160–1157 v. Chr. das ägyptische Reich von dem hunderttorigen Theben aus regierte.

Die Papyrushandschrift erwarb seinerzeit Mr. Chester Beatty in London. Nach ihm benannte man sie Papyrus Chester Beatty No. 1. Der Ägyptologe A. H. Gardiner edierte den vollständigen Text in der im Jahre 1931 in London erschienenen Ausgabe »The Library of A. Chester Beatty. Description of a Hieratic Papyrus with a mythological Story, Love-Songs, and other miscellaneous Texts«.

Unserer nachfolgenden Übersetzung liegt die Veröffentlichung von A. H. Gardiner, Late Egyptian Stories, Bibliotheca Aegyptiaca I, Bruxelles 1932, S. 37–60, zugrunde.

»[Man saß zu] Gericht über Horus und Seth, die verborgen an Wesen sind, die Erhabenen, die größten Fürsten, die entstanden sind.

Da saß nun ein [göttliches] Kind vor dem Herrn des Alls, während es begehrte das Königsamt seines Vaters Osiris, schön an Erscheinung, [Sohn des] Ptah, der [den Westen[1]] erhellt [mit] seinem [Glanze]. Und Thot überbrachte das heilige Auge[2] dem großen Fürsten in Heliopolis.

Da sprach Schu, der Sohn des Re, vor [Atum, dem] großen [Fürsten] in Heliopolis: ›Gerechtigkeit ist der Herr der Macht. [Tue] sie und sprich: ›Gib das Amt dem [Horus]‹!‹

Da [sprach] Thot zu [der Götterneunheit: ›Das ist] millionenmal [gerecht].‹

Da schrie Isis laut [auf], und sie freute sich gar [sehr. Sie trat vor den Herrn des] Alls, und sie sprach: ›Nordwind, auf zum Westen! Erfreue das Herz des Wennofer[3] – er lebe, sei heil und gesund!‹

Und Schu, der Sohn [des Re], sprach: ›Bringe das heilige Auge dar! Das ist gerecht vor der Götterneunheit.‹

[1] Der Westen ist das Reich der Toten.
[2] Bezeichnung für die Krone Ägyptens.
[3] Beiname des Gottes Osiris.

Da [sprach] der Herr des Alls: ›Wieso bildet ihr euer Urteil für euch allein?‹

[Da] antwortete die [Götterneunheit]: ›Möge er [bestimmen] den Namensring[1] für Horus, und möge man [setzen] die Weiße Krone[2] auf sein Haupt!‹

Da schwieg der Herr des Alls für [eine lange Zeit, und] er war ärgerlich [über] die Götterneunheit.

Und Seth, der Sohn der Nut, sprach: ›Man lasse ihn nach draußen gehen mit mir, damit ich dir meine Hand zeige, wie sie seine Hand ergreift vor der Götterneunheit, wenn man nicht ein [anderes] Mittel weiß, um ihn bloßzustellen.‹

Da sprach Thot zu ihm: ›Nicht werden wir den kennenlernen, der Unrecht hat. Soll man etwa das Königsamt des Osiris dem Seth geben, derweil [sein] Sohn Horus dabeisteht?‹

Da wurde Re-Harachte sehr böse. Es war doch der Sinn des Re, das Königsamt zu geben dem Seth, groß an Kraft, Sohn der Nut.

Und Onuris[3] schrie laut auf in das Angesicht der Götterneunheit und sprach: ›Was sollen wir tun?‹

[1] In dem Namensring, der sogenannten Kartusche, steht der Vorname bzw. der Geburtsname des Königs.
[2] Die Ägypter bezeichneten die Weiße Krone als oberägyptische, die Rote Krone hingegen als unterägyptische Krone.
[3] Menschengestaltiger Jägergott.

Da sprach Atum, der große Fürst in Heliopolis: ›Man [rufe] den Ba, den Herrn von Mendes[1], den großen lebendigen Gott, damit er über die beiden jungen Leute entscheide.‹

Nun holte man den Ba, den Herrn von Mendes, den großen Gott, der auch in Setis[2] ist, zusammen mit Ptah-Tatenen[3] vor Atum. Und er[4] sprach zu ihnen: ›Entscheidet über die beiden jungen Leute! Laßt sie ein Ende finden, daß sie täglich hier herumstehen und sich streiten!‹

Da antwortete Ba, der Herr von Mendes, der große lebendige Gott, auf das, was zu ihm gesagt war: ›Laßt uns nicht ein Urteil bilden aus unserer Unkenntnis heraus. Laßt einen Brief schicken an Neith, die Große, die Gottesmutter. Das, was sie sagt, wollen wir tun!‹

Da sprach die Götterneunheit zu Ba, dem Herrn von Mendes, dem großen lebendigen Gott: ›Man urteile über sie zum ersten Male in der Halle ›Einzig an Gerechtigkeit‹!‹

Und dann sprach die Götterneunheit zu Thot vor dem Herrn des Alls: ›Mache doch einen Brief fertig für Neith, die Große, die Gottesmutter, im Namen des Herrn des Alls, des Stieres inmitten von Heliopolis.‹

Da sagte Thot: ›Einverstanden, jawohl, sehr einverstanden!‹ Dann setzte er sich hin, um den Brief fertig zu

[1] Die Ruinen des alten Mendes liegen rund 15 km südöstlich von El Mansura. (Siehe Karte S. 238)
[2] Insel Sehel im Kataraktengebiet von Assuan.
[3] Menschengestaltiger Gott, der sich mit Ptah in Memphis verband.
[4] Atum spricht.

machen, und er teilte mit: ›König von Ober- und Unterägypten, Re-Atum, geliebt von Thot, Herr der beiden Länder, Heliopolitaner, die Sonnenscheibe, die die beiden Länder erleuchtet mit ihrem Glanze, der Nil, groß im Geben, Re-Harachte ‹schreibt› an Neith, die Große, die Gottesmutter, die vorzeiten leuchtete: Du mögest leben, gesund sein und dich verjüngen, ‹du› lebende Seele des Herrn des Alls, des Stiers in Heliopolis, des guten Königs des geliebten Landes[1]. Folgendes: Der Diener da bringt die Nacht zu mit Gedanken an Osiris, und er sorgt sich um die beiden Länder täglich, so wahr Sobek bis in Ewigkeit dauert! Was ist es, das wir tun sollen mit den beiden Leuten, die bis jetzt schon achtzig Jahre lang vor Gericht sind? Und man weiß nicht, wie man über die beiden Männer entscheiden soll. Teile uns doch mit, was wir tun sollen!‹

Und Neith, die Große, die Gottesmutter, schickte einen Brief an die Götterneunheit mit den Worten: ›Gebt das Amt des Osiris seinem Sohne Horus! Verursacht nicht diese schweren Fälle von Unrecht, die unangebracht sind, sonst werde ich wütend, und der Himmel wird die Erde berühren! Und man sage zu dem Herrn des Alls, dem Stier inmitten von Heliopolis: Verdopple dem Seth seinen Besitz, gib ihm Anat und Astarte, deine beiden Töchter, und setze Horus auf den Platz seines Vaters Osiris!‹

Da gelangte der Brief der Neith, der Großen, der Gottesmutter, zu der Götterneunheit, als sie in der Halle ›Horus vor den Hörnern‹ saß. Man gab den Brief in die Hand von Thot. Da verlas ihn Thot vor dem Herrn des Alls und der

[1] Bezeichnung für Ägypten.

Götterneunheit insgesamt. Und sie sprachen aus einem Munde: ›Recht hat diese Göttin!‹

Doch da wurde der Herr des Alls wütend auf Horus, und er sprach zu ihm: ›Du bist elend an deinem Körper. So ist dieses Amt zu groß für dich, du Junge, dessen Mundgeschmack schlecht ist!‹

Da erzürnte Onuris millionenmal und ebenso die Götterneunheit insgesamt, der Dreißigerrat – er lebe, sei heil und gesund.

Und Beb, der Gott, erhob sich, und er sprach zu Re-Harachte: ›Dein Schrein ist leer!‹

Nun war Re-Harachte gekränkt durch die Antwort, die ihm gesagt worden war. Er legte sich auf seinen Rücken, und seine Stimmung war sehr, sehr schlecht.

Da ging die Götterneunheit hinaus, und sie rief laut dem Beb, dem Gott, entgegen, und sie sagten ihm: ›Gehe du ‹bloß› hinaus! Der Fehler, den du begangen hast, ist sehr groß!‹ Und sie gingen zu ihren Unterkünften.

Da hat der große Gott einen Tag verbracht, indem er auf seinem Rücken lag in seiner Halle, während seine Stimmung sehr, sehr schlecht war und er ganz allein war.

Nach einer langen Zeit nun kam Hathor, die Herrin der südlichen Sykomore, und sie trat vor ihren Vater, den Herrn des Alls, und sie entblößte ihre Scham vor ihm. Da mußte der große Gott über sie lachen. Er erhob sich, setzte sich mit der großen Götterneunheit zusammen und sprach zu Horus und Seth: ›Redet für euch!‹

Und Seth, groß an Kraft, Sohn der Nut, sprach: ›Was mich angeht, ich bin Seth, der größte an Kraft inmitten der Götterneunheit. Denn ich schlachte den Feind des Re täglich, wobei ich am Bug der Barke der Millionen bin[1], während kein anderer Gott es zu tun weiß. Ich ‹also› sollte das Amt des Osiris empfangen!‹

Da sagten sie: ›Recht hat Seth, Sohn der Nut!‹

Doch da riefen Onuris und Thot laut mit den Worten: ›Soll man etwa das Amt dem Bruder der Mutter geben, während der leibliche Sohn dabeisteht?‹

Da sagte Ba, der Herr von Mendes, der große lebendige Gott: ›Soll man denn das Amt dem Jungen geben, während Seth, sein älterer Bruder, dabeisteht?‹

Da schrie die Götterneunheit laut auf vor dem Herrn des Alls, und sie sagte zu ihm: ›Was sind das Worte, die du sagtest, die es nicht wert sind, daß man sie hört!‹

Da sprach Horus, Sohn der Isis: ›Es ist wahrlich nicht schön, mich zu unterdrücken vor der Götterneunheit und mir das Amt meines Vaters Osiris wegzunehmen!‹

Da wurde Isis wütend auf die Götterneunheit, und sie tat einen Eid bei Gott vor der Götterneunheit mit den Worten:

[1] Seth kämpft täglich am Bug der Sonnenbarke mit der Apophisschlange, die den Sonnengott Re an seiner Weiterfahrt hindern will.

›Sowahr meine Mutter Neith, die Göttin, lebt, sowahr Ptah-Tatenen, der mit den hohen Federn[1], lebt, der die Hörner der Götter niederbeugt – man wird diese Worte dem Atum vortragen, dem großen Fürsten in Heliopolis, und ebenso dem Chepri[2] in seiner Barke!‹

Da antwortete ihr die Götterneunheit: ›Rege dich nicht auf! Man wird Gerechtigkeit dem widerfahren lassen, der im Recht ist, und man wird all das tun, was du sagst.‹

Da wurde Seth, Sohn der Nut, wütend auf die Götterneunheit, als sie diese Worte zu Isis, der Großen, der Gottesmutter, sagte. Da sagte Seth zu ihnen: ›Ich werde mein Szepter von viertausendfünfhundert Barren nehmen und täglich einen von euch töten!‹ Dann tat Seth einen Eid bei dem Herrn des Alls und sagte: ›Nicht werde ich vor Gericht weiterverhandeln, solange Isis darinnen ist!‹

Da sprach Re-Harachte zu ihnen[3]: ›Fahrt zu der Insel in der Mitte und entscheidet dort über sie und sagt zu Antj, dem Fährmann: ›Setze nicht eine Frau über, die der Isis ähnelt!‹

Dann setzte die Götterneunheit über zu der Insel in der Mitte, und sie setzte sich hin und aß ihr Brot.

Und Isis kam nun und traf Antj, den Fährmann, wie er dasaß, nachdem er zu seinem Boot gelangt war. Sie hatte

[1] Der menschengestaltige Gott wird mit Widderhörnern und einer Federkrone auf dem Kopf dargestellt.
[2] Eine Erscheinungsform des Sonnengottes, in der Regel in Gestalt eines Skarabäus.
[3] Zu den Göttern der Neunheit.

ihre Gestalt in die einer alten Frau verwandelt, die gebückt ging und an deren Hand ein kleiner Ring aus Gold war. Sie sagte zu ihm: ›Ich komme zu dir, damit du mich übersetzt zu der Insel in der Mitte. Denn ich bin gekommen mit dem Topf Gerste für den kleinen Jungen. Der hütet etliches Vieh auf der Insel in der Mitte, fünf Tage bis heute, und er ist hungrig!‹

Er sagte zu ihr: ›Man sagte zu mir: ›Du sollst keine Frau übersetzen!‹‹

Sie sprach zu ihm: ›Das hat man dir wohl bezüglich der Isis gesagt, was du ‹da› sagst?‹

Er sagte zu ihr: ›Was gibst du mir, wenn ich dich übersetze zu der Insel in der Mitte?‹

Da sprach Isis zu ihm: ›Ich gebe dir dieses Brot.‹

Darauf sage er zu ihr: ›Was soll mir dein Brot! Ich soll dich übersetzen zu der Insel in der Mitte – obgleich man mir sagte: ›Du sollst keine Frau übersetzen‹ – lediglich für dein Brot?‹

Da sprach sie zu ihm: ›Ich werde dir den goldenen Ring geben, der an meiner Hand ist.‹

Er sagte zu ihr: ›Gib mir den goldenen Ring!‹ Und sie gab ihn ihm. Dann setzte er sie über zu der Insel in der Mitte.

Als sie nun unter den Bäumen dahinging, da schaute sie umher, und sie erblickte die Götterneunheit, wie sie dasaß und Brot aß vor dem Herrn des Alls in seiner Halle.

Da sah Seth auf, und er erblickte sie, wie sie dort von fern herankam. Da beschwor sie ihre Zauberkraft, und ‹schon› verwandelte sie sich in ein Mädchen mit schönen Gliedern, und nicht gab es ihresgleichen in dem ganzen Lande. Da liebte er sie ganz elendig.

Nun stand Seth auf, nachdem er dagesessen und Brot gegessen hatte mit der großen Götterneunheit, und er ging, um ihr zu begegnen. Und keiner außer ihm hatte sie gesehen. Da stellte er sich hinter eine Sykomore, rief ihr zu und sprach zu ihr: ›Ich will hier bei dir sein, schönes Mädchen!‹

Sie sprach zu ihm: ›Wahrlich, mein hoher Herr! Was mich angeht, ich war die Frau von einem Hirten. Ich gebar ihm einen Sohn. Mein Mann starb, und der Junge kümmerte sich um das Vieh seines Vaters. Dann kam ein fremder Mann, und er setzte sich in meinen Stall. Er sprach wie folgt und sagte zu meinem Sohn: ›Ich werde dich schlagen, und ich werde das Vieh deines Vaters wegnehmen, und ich werde dich hinauswerfen!‹ So sprach er zu ihm. Und nun ist es mein Wunsch, daß du für ihn streitest.‹

Da sprach Seth zu ihr: ›Soll man das Vieh dem fremden Manne geben, derweil der Sohn des Mannes dabeisteht?‹

Da verwandelte sich Isis in eine Weihe und flog empor. Sie ließ sich nieder auf der Spitze eines Baumes und rief dem Seth zu und sagte zu ihm: ›Weine über dich! Dein eigener Mund hat es gesagt. Deine eigene Klugheit hat dich gerichtet. Was willst du weiter?‹

Da stand er und weinte. Er ging dorthin, wo Re-Harachte war, und er weinte.

Da sagte Re-Harachte zu ihm: ›Was hast du wieder?‹

Da sagte Seth zu ihm: ›Die schlechte Frau ist wieder zu mir gekommen. Sie hat mir wieder Böses getan. Sie hatte sich verwandelt in ein schönes Mädchen vor mir, und sie sprach zu mir: ›Was mich angeht, ich war die Frau von einem Hirten. Er starb, nachdem ich ihm geboren hatte einen Sohn. Der kümmerte sich um das wenige Vieh seines Vaters. Ein fremder Mann kam in meinen Stall zusammen mit meinem Sohn, und ich gab ihm Brot. Nachdem viele Tage hiernach vergangen waren, da sagte der Eindringling zu meinem Sohn: ›Ich werde dich schlagen, und ich werde das Vieh deines Vaters wegnehmen, und es wird mir gehören!‹ So sagte er zu seinem Sohn‹, sagte sie zu mir.‹

Da sprach Re-Harachte zu ihm: ›Und was hast du zu ihr gesagt?‹

Da antwortete Seth ihm: ›Ich sagte zu ihr: ›Soll man denn das Vieh dem fremden Manne geben, derweil der Sohn des Mannes dabeisteht?‹ So sagte ich zu ihr. ›Man soll das Gesicht des Eindringlings mit einem Stock schlagen, und man soll ihn hinauswerfen, und man soll deinen Sohn an die Stelle seines Vaters setzen!‹ So sagte ich zu ihr.‹

Da sprach Re-Harachte zu ihm: ›Aber schau doch, du hast dich selbst gerichtet! Was willst du weiter?‹

Da antwortete Seth ihm: ›Veranlasse, daß man Antj, den Fährmann, herbeibringe, und daß man ihm eine große Strafe zufüge mit den Worten: ›Weshalb hast du sie übersetzen lassen?‹ So soll man zu ihm sagen.‹

Dann brachte man Antj, den Fährmann, vor die Götterneunheit, und sie riß das Vordere seiner beiden Beine ab. Da verschwor sich Antj gegen das Gold bis auf den heutigen Tag vor der großen Götterneunheit mit den Worten: ›Mir ist Gold ein Ekel meiner Stadt.‹

Nun setzte die Götterneunheit über zu dem Westufer, und sie setzte sich auf dem Gebirge nieder.

Nachdem nun die Zeit des Abends da war, da sandten Re-Harachte und Atum, Herr beider Länder, Heliopolitaner, zu der Götterneunheit mit den Worten: ›Ihr sitzt da herum, und was tut ihr überhaupt? Was die beiden Jungen angeht, wollt ihr zulassen, daß sie ihr Leben vor Gericht verbringen? Sobald mein Brief zu euch gelangt ist, sollt ihr die Weiße Krone auf das Haupt des Horus, des Sohnes der Isis, setzen, und ihr sollt ihn auf den Thron seines Vaters Osiris heben.‹

Da erzürnte Seth ganz fürchterlich. Da sprach die Götterneunheit zu Seth: ›Warum zürnst du so? Soll man denn nicht handeln gemäß dem, was Atum, Herr beider Länder, Heliopolitaner, sowie Re-Harachte gesagt haben?‹

Nun setzte man die Weiße Krone auf das Haupt des Horus, des Sohnes der Isis. Da schrie Seth laut auf in das Angesicht der Götterneunheit, und er grollte mit den Worten: ›Soll man das Amt meinem jüngeren Bruder geben, derweil ich, sein älterer Bruder, dabeistehe?‹

Da tat er einen Eid mit den Worten: ›Man soll die Weiße Krone vom Haupte des Horus, des Sohnes der Isis, wegreißen, und man soll ihn in das Wasser werfen, auf daß ich mit ihm kämpfe um das Amt des Fürsten – ‹er lebe, sei heil und gesund›.‹ Und Re-Harachte tat desgleichen.

Da sprach Seth zu Horus: ›Komm, wir wollen uns verwandeln in zwei Nilpferde und in das Wasser eintauchen inmitten des Meeres. Aber demjenigen, der auftauchen wird in der Zeit von drei Monaten an Tagen, soll man das Amt nicht geben.‹ Dann tauchten die beiden Männer unter.

Da saß Isis weinend da und sprach: ›Seth tötet Horus, mein Kind.‹ Dann holte sie ein Stück Schnur, und sie machte eine Kordel. Sie holte einen Barren[1] Erz. Sie schmolz ihn zu einer Waffe für das Wasser. Sie band daran die Kordel fest und stieß sie in das Wasser an der Stelle, wo Horus und Seth eingetaucht waren. Da biß sich das Erz fest an der Majestät ihres Sohnes Horus.

Da schrie Horus laut auf mit den Worten: ›Hilf mir, Mutter Isis, meine Mutter! Beschwöre dein Erz, daß es von mir ablasse! Ich bin ‹doch› Horus, Sohn der Isis!‹

Da schrie Isis laut auf und sagte zu dem Erz: ›Laß ab von ihm! Siehe, dies ist mein Sohn Horus, mein Kind!‹ Da ließ ihr Erz von ihm ab. Und erneut warf sie es wieder in das Wasser, und es biß sich fest an der Majestät des Seth.

Da schrie Seth laut auf mit den Worten: ›Was habe ich gegen dich getan, meine Schwester Isis? Beschwöre dein Erz, daß es von mir ablasse! Ich bin ‹doch› dein Bruder von der Mutter her, oh Isis!‹

[1] Ein Barren wog etwa 91 Gramm.

Da war ihr Herz sehr, sehr traurig um seinetwillen.

Da rief Seth ihr zu mit den Worten: ›Liebst du den fremden Mann mehr als den Bruder von der Mutter her?‹

Da beschwor Isis ihr Erz mit den Worten: ›Laß ab von ihm! Siehe, das ist der Bruder der Isis von der Mutter her, an dem du dich festgebissen hast!‹ Und da ließ das Erz von ihm ab.

Da wurde Horus, Sohn der Isis, zornig auf seine Mutter Isis. Er kam heraus[1]. Sein Gesicht blickte wild wie ein oberägyptischer Leopard, und sein Messer von sechzehn Barren[2] war in seiner Hand. Er trennte das Haupt seiner Mutter Isis ab, nahm es in seine Arme und stieg auf das Gebirge.

Da verwandelte sich Isis in eine Frauengestalt aus Feuerstein, die keinen Kopf hatte.

Da sprach Re-Harachte zu Thot: ›Was ist das für eine, die da kommt? Sie hat ‹ja› keinen Kopf!‹

Da sagte Thot zu Re-Harachte: ›Mein guter Herr, das ist Isis, die Große, die Gottesmutter. Horus, ihr Sohn, hat ihren Kopf abgetrennt!‹

Da schrie Re-Harachte laut auf und sprach zu der Götterneunheit: ›Laßt uns eilen, und laßt uns ihm eine große Strafe zufügen!‹

[1] Horus stieg aus dem Meer heraus.
[2] Das Messer wog ca. 16 mal 91 Gramm, also knapp 3 Pfund.

Dann stieg die Götterneunheit auf die Berge, um Horus, den Sohn der Isis, zu suchen. Aber Horus schlief unter einem Schen-Uscha-Baum[1] im Oasenland. Und Seth fand ihn. Er packte ihn. Er warf ihn auf seinen Rücken auf den Berg. Er riß seine beiden Augen aus ihren Höhlen. Er begrub sie auf dem Berge, um die Erde zu erleuchten, indem die beiden Augäpfel sich in zwei Keime verwandelten und zu Lotosblumen aufwuchsen.

Und Seth ging fort und sprach zu Re-Harachte heuchlerisch: ›Ich habe Horus nicht gefunden‹, obgleich er ihn gefunden hatte!

Da ging Hathor, die Herrin der südlichen Sykomore, aus, und sie fand Horus, wie er in dem Bergland dalag und weinte. Sie packte eine Gazelle, melkte sie und sprach zu Horus: ›Öffne dein Auge, damit ich diese Milch hineingebe!‹ Da öffnete er sein Auge, und sie gab die Milch hinein. Sie gab sie in das rechte, sie gab sie in das linke, und sie sprach zu ihm: ›Öffne dein Auge!‹ Und er öffnete sein Auge. Sie schaute ihn an; sie fand ihn vollständig.

Da ging sie, um Re-Harachte zu sagen: ›Horus ist gefunden! Seth hatte ihn verstümmelt an seinem Auge, aber ich habe ihn wiederhergestellt. Siehe, da kommt er!‹

Da sprach die Götterneunheit: ›Man rufe Horus und Seth, um über sie zu entscheiden.‹ Dann brachte man sie vor die Götterneunheit.

Der Herr des Alls sprach vor der großen Götterneunheit zu

[1] Eine uns unbekannte Baumart.

Eingang der Cheops-Pyramide: Der heutige Einstieg an der Nordseite wenige Meter unterhalb des ursprünglichen Eingangs.

Folgende Doppelseite:
Der Gott Anubis besorgt die Mumie: Grab des Sennedjem in Deir el-Medine, Theben-West, Grab Nr. 1.

Vogelfang in den Deltasümpfen: Grab des Menena in Schech Abd el-Kurna, Theben-West, Grab Nr. 69.

Folgende Doppelseite:
Ägypter mit seinen Rindern: Grab des Kiki in El-Chocha, Theben-West, Grab Nr. 409.

Musikantin: Grab des Rechmire in Schech Abd el-Kurna, Theben-West, Grab Nr. 100.

Sämtliche Aufnahmen: Dr. K. Schüssler

Horus und Seth: ›Geht und hört auf das, was ich euch sage: ›Eßt und trinkt, auf daß wir Ruhe haben! Hört auf, täglich so zu streiten!‹‹

Da sprach Seth zu Horus: ›Komm, wir wollen uns einen schönen Tag machen in meinem Hause!‹

Da sprach Horus zu ihm: ›Ja, sehr gern!‹

Nachdem nun die Zeit des Abends da war, breitete man für sie ‹die Decken› aus, und die beiden schliefen ein. Aber in der Nacht ließ Seth sein Glied stark werden, und er ließ es zwischen die beiden Schenkel des Horus gehen. Da tat Horus seine beiden Hände zwischen seine beiden Schenkel, und er fing den Samen des Seth auf. Dann ging Horus, um seiner Mutter Isis zu sagen: ›Hilf mir, Isis, meine Mutter! Komm und schau, was Seth mir angetan hat!‹ Er öffnete seine Hand. Er ließ sie den Samen des Seth sehen.

Sie schrie laut auf, ergriff ihr Erz und schnitt seine Hand ab. Sie warf sie in das Wasser. Sie nahm für ihn eine Hand als ‹Gegen›wert. Dann holte sie etwas süße Salbe. Sie tat sie auf das Glied des Horus. Dann ließ sie es stark werden. Sie tat es in einen Topf und ließ seinen Samen hineinlaufen.

Nun ging Isis mit dem Samen des Horus zur Zeit des Morgens zu dem Garten des Seth. Sie sagte zu dem Gärtner des Seth: ›Was an Kräutern ist es, was Seth hier bei dir ißt?‹

Da sagte der Gärtner zu ihr: ›Nicht ißt er irgendwelche Kräuter hier bei mir außer Lattich.‹ Und Isis tat den Samen des Horus darauf[1].

[1] Isis legte den Samen auf den Lattich.

Da kam Seth nach seiner täglichen Gewohnheit. Er aß den Lattich, wie er ihn gewöhnlich aß. Da stand er da und war schwanger von dem Samen des Horus. Da ging Seth, um Horus zu sagen: ›Komm, wir wollen uns beeilen, damit ich mich mit dir vor dem Gericht auseinandersetze.‹

Da sprach Horus zu ihm: ›Ja, sehr gern!‹

Dann gingen die beiden Männer zum Gericht. Sie stellten sich vor die große Götterneunheit. Man sprach zu ihnen: ›Redet für euch!‹

Da sprach Seth: ›Veranlaßt, daß man mir das Amt des Fürsten – er lebe, sei heil und gesund – gebe! Denn was Horus angeht, den, der dasteht, so habe ich eine Mannestat an ihm vollbracht[2].‹

Da schrie die Götterneunheit laut auf. Dann spuckte sie in das Gesicht des Horus. Und Horus lachte sie aus. Dann tat Horus einen Eid mit den Worten: ›Alles, was Seth gesagt hat, ist Lüge! Veranlaßt, daß man den Samen des Seth rufe! Laßt uns schauen, woher er antwortet. Und man rufe auch den meinigen! Laßt uns schauen, woher er antwortet!‹

Da legte Thot, Herr der Gottesworte, Schreiber der Wahrheit der Götterneunheit, seine Hand auf den Arm des Horus, und er sprach: ›Komm heraus, Sonne des Seth!‹ Der antwortete ihm aus dem Wasser, mitten aus dem See.

Dann legte Thot seine Hand auf den Arm des Seth, und er

[1] Er ist so mit ihm umgegangen, wie ein Mann mit einer Frau umzugehen pflegt.

sprach: ›Komm heraus, Sonne des Horus!‹ Da sagte der zu ihm: ›Wo soll ich herauskommen?‹

Da sprach Thot zu ihm: ›Komm heraus aus seinem Ohr!‹

Da sagte der zu ihm: ›Soll ich herauskommen aus seinem Ohr, wenngleich ich ein göttlicher Same bin?‹

Da sprach Thot zu ihm: ›Komm heraus aus seinem Scheitel!‹

Dann kam er hervor als eine Sonnenscheibe aus Gold auf dem Kopf des Seth.

Da wurde Seth sehr zornig. Er streckte seine Hand aus, um die Sonnenscheibe aus Gold zu ergreifen. Da nahm Thot sie ihm weg. Er setzte sie als Schmuck auf seinen Kopf.

Da sprach die Götterneunheit: ›Recht hat Horus, unrecht hat Seth!‹

Da wurde Seth sehr zornig. Er schrie laut auf, als sie sagten: ›Recht hat Horus, unrecht hat Seth.‹ Da tat Seth einen großen Eid bei Gott mit den Worten: ›Nicht soll man ihm das Amt geben, bis man ihn hinausgeschickt hat zusammen mit mir und wir uns ein paar Schiffe aus Stein bauen und miteinander wettstreiten, wir beiden. Aber derjenige, der seinen Mitstreiter packen wird, dem soll das Amt des Fürsten – er lebe, sei heil und gesund – gegeben werden.

Nun baute sich Horus ein Schiff aus Zedernholz. Er tünchte es mit Gips. Er ließ es zur Zeit des Abends zu Wasser. Nicht ein Mensch im ganzen Lande sah es.

Da erblickte Seth das Schiff des Horus, und er sagte: ›Das ist ‹ja aus› Stein!‹ Er ging auf den Berg. Er schnitt eine Spitze des Berges ab, und er baute sich ‹daraus› ein Schiff aus Stein von einhundertachtunddreißig Ellen[1].

Nun bestiegen sie ihre Schiffe vor der Götterneunheit, und schon ging das Schiff des Seth im Wasser unter. Da verwandelte sich Seth in ein Nilpferd. Er richtete das Schiff des Horus böse zu.

Da packte Horus sein Erz. Er schlug damit auf die Majestät des Seth ein.

Da sprach die Götterneunheit zu ihm: ›Schlage nicht damit auf ihn ein!‹

Dann holte er das Ruderzeug. Er legte es in sein Schiff. Er fuhr stromab nach Sais[2], um Neith, der Großen, der Gottesmutter, zu sagen: ›Veranlasse, daß man über mich und Seth entscheide! Achtzig Jahre sind wir bis jetzt vor Gericht, aber man weiß nicht über uns zu entscheiden. Indessen wurde ihm nicht recht gegeben gegenüber mir, aber tausendmal habe ich bis jetzt recht gehabt gegenüber ihm alle Tage. Aber nicht sorgte er sich um irgend etwas, das die Götterneunheit sagt. Ich habe mit ihm gestritten im Gerichtshof ›Weg der Gerechtigkeit‹. Man gab mir recht ihm gegenüber. Ich habe mit ihm gestritten im Gerichtshof ›Horus vor den Hörnern‹. Man gab mir recht ihm gegenüber. Ich habe mit ihm gestritten im Gerichtshof ›Feld der Binsen‹. Man gab mir recht ihm gegenüber. Ich habe mit

[1] Das sind rund 69 Meter.

[2] Das alte Sais lag am Rosette-Arm im westlichen Nildelta zwischen den heutigen Städten Tanta und Damanhur. (Siehe Karte S. 237)

ihm gestritten im Gerichtshof ›Der See des Feldes‹. Man gab mir recht ihm gegenüber.‹

Die Götterneunheit sprach zu Schu, dem Sohn des Re: ›Recht bei allem, was er sagte, hat Horus, Sohn der Isis.‹

Thot sprach zu dem Herrn des Alls: ›Laß einen Brief an Osiris schicken, damit er über die beiden jungen Leute entscheide!‹

Da sprach Schu, Sohn des Re: ›Millionenfach gerecht ist, was Thot der Götterneunheit gesagt hat!‹

Da sagte der Herr des Alls zu Thot: ›Setze dich! Mache einen Brief für Osiris fertig! Wir wollen hören, was er sagt.‹

Da setze sich Thot, um den Brief an Osiris anzufertigen mit dem Wortlaut: ›*Stier*[1]: Löwe, der für sich selbst jagt. *Die beiden Herrinnen*: Der die Götter beschützt und die beiden Länder niederbeugt. *Horus von Gold*: Der die Menschen erfunden hat in der Urzeit. *König von Ober- und Unterägypten:* Stier inmitten von Heliopolis – er lebe, sei heil und gesund. *Sohn des Ptah:* Der die beiden Ufer[2] erleuchtet, der als Vater seiner Götterneunheit erscheint, während er sich nährt von Gold und jeglichen herrlichen Edelsteinen – er lebe, sei heil und gesund! Teile uns doch mit, was wir mit Horus und Seth machen sollen, damit wir nicht eine Entscheidung treffen wider unser Wissen!‹

[1] Stier, die beiden Herrinnen, Horus von Gold, König von Ober- und Unterägypten sowie Sohn des Ptah sind Bestandteile der fünf Namen umfassenden Königstitulatur.
[2] Bezeichnung für Ägypten.

Nachdem ‹viele Tage› hiernach vergangen waren, da gelangte der Brief zum König, dem Sohn des Re ›Groß an Überflutung, Herr der Nahrung‹. Da schrie er laut auf, als man den Brief vor ihm verlas. Dann antwortete er schleunigst auf ihn dorthin, wo der Herr des Alls war zusammen mit der Götterneunheit, mit den Worten: ›Weshalb tut man Übles meinem Sohne Horus? Ich war es doch, der euch stark gemacht hat! Denn ich war es, der Gerste und Emmer geschaffen hat, um die Götter zu ernähren ebenso wie das Vieh[1] nach den Göttern. Das zu tun fand weder irgendein Gott heraus noch irgendeine Göttin.‹

Da gelangte der Brief des Osiris dorthin, wo Re-Harachte war. Der saß mit der Götterneunheit in dem ›Weißen Felde‹ in Chois[2]. Da verlas man ihn vor ihm und der Götterneunheit. Und Re-Harachte sprach: ›Beantworte mir doch schleunigst den Brief an Osiris und sage ihm in Bezug auf den Brief: ›Auch wenn du nicht entstanden wärest, auch wenn du nicht geboren wärest, so gäbe es doch Gerste und Emmer!‹

Dann gelangte der Brief des Herrn des Alls zu Osiris, und man verlas ihn vor ihm. Da schickte er wiederum an Re-Harachte mit den Worten: ›Sehr schön ist all das, was du getan hast, du Schöpfer der Götterneunheit, in der Tat! Doch ließ man die Gerechtigkeit untergehen in die Unterwelt. Beachte bitte die Lage, in der du bist! Was das Land angeht, in dem du bist, es ist voll von Boten mit wild blikkenden Gesichtern, die sich nicht fürchten vor irgendeinem Gott oder ‹irgendeiner› Göttin. Wenn ich sie herausgehen

[1] Gemeint ist das »Kleinvieh Gottes«, eine Bezeichnung für die Menschen.

[2] Chois liegt im westlichen Delta bei dem heutigen Kafr el-Sheik. (Siehe Karte S. 237)

lasse, werden sie mir das Herz eines jeden, der Unrecht tut, bringen, und sie werden hier sein bei mir. Was soll mein Aufenthalt hier, derweil ich im Westen ruhe, während ihr allesamt draußen seid! Wer von ihnen ist es, der stärker ist als ich? Doch siehe, sie haben Unrecht erfunden, in der Tat! Als Ptah, der Große, der Südliche seiner Mauer, Herr des Lebens beider Länder, den Himmel schuf, hat er da nicht zu den Sternen, die in ihm sind, gesprochen ›Geht zur Ruhe im Westen zu jeder Nacht – dorthin, wo König Osiris ist? Aber nach den Göttern soll auch die Menschheit, das Volk, zur Ruhe gehen dorthin, wo du bist!‹ So sprach er zu mir.‹

Nachdem ‹viele Tage› hiernach vergangen waren, da gelangte der Brief des Osiris dorthin, wo der Herr des Alls war mit der Götterneunheit. Thot empfing nun den Brief. Er verlas ihn vor Re-Harachte und der Götterneunheit. Dann sprachen sie: ›Sehr recht hat in allem, was er sagt, der Große an Überflutung, der Herr der Nahrung – er lebe, sei heil und gesund!‹

Da sagte Seth: ›Macht euch fort auf die Insel in der Mitte, damit ich mich mit ihm einlassen kann!‹ Dann ging er auf die Insel in der Mitte, und man gab Horus recht ihm gegenüber.

Da schickte Atum, Herr der beiden Länder, Heliopolitaner, zu Isis mit den Worten: ›Bringe Seth, in einen Block gefesselt!‹

Da brachte Isis den Seth, indem er in einen Block gefesselt war, und er war wie ein Sträfling.

Nun sprach Atum zu ihm: ›Warum läßt du nicht zu, daß man über euch entscheide, indem du das Amt des Horus an dich reißt?‹

Da sagte Seth zu ihm: ›Oh nein, mein guter Herr! Veranlasse, daß man Horus, den Sohn der Isis, ruft und ihm das Amt seines Vaters Osiris gibt!‹

Da holte man Horus, den Sohn der Isis. Man setzte die Weiße Krone auf sein Haupt. Man stellte ihn an den Platz seines Vaters Osiris. Man sprach zu ihm: ›Du bist der gute König des geliebten Landes! Du bist der gute Herr – er lebe, sei heil und gesund – eines jeden Landes bis in Ewigkeit und Ewigkeit!‹

Da schrie Isis laut auf zu ihrem Sohn Horus mit den Worten: ›Du bist der gute König! Mein Herz ist in Freude, denn du erhellst das Land mit deinem Glanze!‹

Dann sprach Ptah, der Große, der Südliche seiner Mauer, Herr des Lebens beider Länder: ›Was ist es, das man mit Seth machen soll? Denn siehe, Horus stellte man an den Platz seines Vaters Osiris.‹

Da sprach Re-Harachte: ›Veranlasse, daß man mir Seth, den Sohn der Nut, übergibt, so daß er bei mir sitzt, indem er bei mir ist wie ein Sohn. Und er soll donnern im Himmel, und man soll sich vor ihm fürchten.‹

Dann kam man, um Re-Harachte zu sagen: ›Horus, Sohn der Isis, ist auferstanden als Herrscher – er lebe, sei heil und gesund!‹

Da freute sich Re gar sehr. Er sprach zu der Götterneunheit: ›Jubelt, jubelt im ganzen Lande dem Horus zu, dem Sohne der Isis!‹

Und Isis sprach:
›Horus ist auferstanden als Herrscher – er lebe, sei heil und gesund!
Die Götterneunheit ist in festlicher Stimmung, der Himmel in Freude!
Sie nehmen Kränze, wenn sie Horus, Sohn der Isis, schauen, der auferstanden ist als großer Herrscher von Ägypten – er lebe, sei heil und gesund!
Der Götterneunheit Herz ist froh!
Das ganze Land ist in Freude, wenn sie Horus, Sohn der Isis, schauen, wie er geerbt hat das Amt seines Vaters Osiris, des Herrn von Busiris[1].‹

Es ist glücklich zu Ende gekommen in Theben an der Stätte der Wahrheit.«

[1] Busiris liegt 4 km südlich von El-Samanud am Damiette-Arm im mittleren Deltagebiet. (Siehe Karte S. 237) – Mit dem Lied der Isis endet unsere Geschichte. Den nachfolgenden Vermerk hat der Schreiber unserer Handschrift noch hinzugefügt.

Die Reise des Wenamun

Die Reise des Wenamun

Unsere Geschichte ist nur in einer einzigen Handschrift erhalten und handelt in der 20. Dynastie unter Ramses XI., etwa 1090 v. Chr. Der Text – in hieratischen Lettern – steht auf mehreren Papyrusfragmenten, die von zwei annähernd gleich großen Papyrusblättern stammen. Sie wurden gegen Ende des vergangenen Jahrhunderts im mittelägyptischen El-Hiba gefunden. Von hier aus gelangten die Bruchstücke nach Moskau, wo sie heute im Museum der Schönen Künste (Puschkin-Museum) aufbewahrt werden. Zuvor waren sie im Besitz von W. Golénischeff. Einen Teil des ersten Blattes veröffentlichte er bereits im Jahre 1898 als Faksimile; die vollständige Veröffentlichung nahm er 1899 in Recueil de Travaux XXI, 74, vor. Für die vorliegende Übersetzung wurde die Ausgabe von A. H. Gardiner, Late-Egyptian Stories, Bibliotheca Aegyptiaca I, Bruxelles 1932, S. 61-76, herangezogen.

Möglicherweise liegt uns hier der Originalbericht vor, den Wenamun für seinen Auftraggeber am Schluß der abenteuerlichen Reise verfaßt hat. Zweifelsohne handelt es sich um ein historisches Dokument, das durch seine kunstvolle Gestaltung besticht. Das Ende unseres Reiseberichtes ist leider nicht erhalten. Es war wahrscheinlich auf dem dritten Papyrusblatt niedergeschrieben, das bis heute leider nicht wiedergefunden werden konnte. Doch die Tatsache, daß dieser Bericht nach Beendigung der Seereise in Ägypten verfaßt wurde, läßt den Schluß zu, daß Wenamun wohlbehalten mit seiner kostbaren Holzfracht in die Heimat zurückgekehrt ist.

»Es war das fünfte Jahr[1], der sechzehnte Tag des vierten Sommermonats[2], als Wenamun, der ›Älteste der Halle‹ im Tempel des Amun, des Herrn über die Throne beider Länder[3], abreiste, um Bauholz zu holen für das große prächtige Schiff des Amun-Re, des Königs der Götter, das auf dem [Flusse] liegt und ›Userhat-Amun‹ [heißt].

Es war der Tag, an dem ich nach Tanis[4] gelangte, dorthin, wo Smendes und Tentamun waren, da übergab ich ihnen die Briefe des Amun-Re, des Königs der Götter. Sie ließen sie sich vorlesen, und sie sagten: ›Ich tue, ich tue, wie Amun-Re, der König der Götter, unser [Herr], gesagt hat!‹

Ich blieb bis zum vierten Sommermonat in Tanis. Dann schickten Smendes und Tentamun mich mit dem Schiffskapitän Mengebet fort, und ich fuhr hinab zum großen Meer von Syrien[5] am ersten Tag des ersten Monats der Überschwemmungsjahreszeit[6]. Ich gelangte nach Dor[7], einer Siedlung der Tjeker[8]. Deren Fürst Beder ließ mir fünfzig Brote, einen Krug Wein und eine Rinderkeule bringen.

[1] Unter dem Pharao Ramses XI., der als letzter Ramesside glücklos in Theben residierte.

[2] Etwa der 20. April.

[3] Titel des Gottes Amun von Karnak.

[4] Tanis im nordöstlichen Delta ist uns im Alten Testament als Zoan überliefert. (Siehe Karten S. 237 und 239)

[5] Mittelmeerküste bei Palästina.

[6] Die Überschwemmungsjahreszeit beginnt im Juni und währt bis Oktober.

[7] Dor lag ca. 20 km südlich von Haifa an der Mittelmeerküste. (Siehe Karte S. 239)

[8] Zusammen mit den Philistern hatte dieser Stamm einst die Küste Palästinas erobert.

Doch ein Mann von meinem Schiff floh, als er ein Gold[gefäß im Wert von] fünf Deben[1] gestohlen hatte, vier Gefäße aus Silber im Wert von zwanzig Deben und einen Beutel Silber in Wert von elf Deben. [Die Summe dessen, was er stahl, beträgt] an Gold fünf Deben und an Silber einunddreißig Deben.

Am Morgen machte ich mich auf und ging dorthin, wo der Fürst war. Ich sagte zu ihm: ›Ich wurde bestohlen in deinem Hafen! Du bist doch der Fürst dieses Landes! Du bist auch dessen Richter! Suche nach meinem Geld! Das Geld gehört doch dem Amun-Re, dem König der Götter, dem Herrn der beiden Länder[2]! Und es gehört den Smendes; und es gehört dem Herihor, meinem Herrn, und den anderen Großen von Ägypten[3]! Auch dir gehört es; und es gehört dem Waret, und es gehört dem Mekmer, und es gehört dem Tjekerbaal, dem Fürsten von Byblos!‹

Er aber sprach zu mir: ›Bist du ernst oder bist du scherzhaft? Doch siehe, ich kenne nicht diese Angelegenheit, die du mir sagst. Wäre es ein Dieb, der zu meinem Land gehört, der in dein Schiff eingestiegen wäre und dein Geld gestohlen hätte, so würde ich es dir ersetzen aus meiner Schatzkammer, bis man deinen Dieb – welchen Namen auch immer er haben mag – gefunden hat. Aber der Dieb, der dich bestohlen hat, gehört doch zu dir! Er gehört zu deinem Schiff! Bleib einige Tage hier bei mir, daß ich ihn suche!‹

[1] Ein Deben entspricht etwa 91 Gramm.
[2] Die beiden Länder: Oberägypten im Süden und Unterägypten im Norden von Memphis.
[3] Sie alle haben das Geld zusammengetragen.

Ich verbrachte neun Tage, derweil ich in seinem Hafen lag. Dann ging ich zu ihm. Ich sagte zu ihm: ›Schau, du hast nicht mein Geld gefunden. [So laß] mich [abreisen] mit dem Schiffskapitän und denen, die auf See gehen.‹

Er sprach zu mir: ›Sei still! [Ich habe nicht dein Geld] gefunden! [Ich habe schließlich] diese Angelegenheit angehört, [und ich habe getan, was] ich dir versprochen hatte. Und die Sache [habe ich verfolgt, denn ich bin doch der] Richter [dieses Landes. Mehr kann ich für dich nicht tun. Verlasse jetzt mein Land]! Da, wo du hinkommen wirst, sollst du dich [umschauen und weitersuchen]!‹

[Wenamun fuhr mit dem Schiffskapitän und denen, die auf See gehen, ab]. Sie reisten, um ihren Dieb zu suchen, der [das Geld gestohlen] hatte. [Nachdem einige Tage vergangen waren, kamen sie zu einem] Hafen und siehe, sie [hatten den Hafen von] Tyrus [erreicht].

Ich[1] verließ Tyrus bei Morgengrauen, [und schon bald gelangte ich zu] Tjekerbaal, dem Fürsten von Byblos. [Ehe ich am Ufer festmachte, durchsuchte ich das] Schiff. Ich fand dreißig Deben Silber und nahm sie an mich. [Die Leute an Bord beschwerten sich daraufhin, und so sagte ich]: ›Es ist euer Silber; aber es bleibt bei mir liegen, bis ihr mein [Silber] gefunden habt [oder den], der es gestohlen hat! Ich habe euch ‹jedenfalls› nicht bestohlen, aber ich werde es wegnehmen! [Und jetzt seht zu, wie ihr es wiederbekommt]!‹

[1] Wenamun.

Da machten sie sich fort. Ich hielt mich verborgen im Zelt am Meeresstrand des Hafens von Byblos. Ich [fand ein Versteck für] den ›Amun des Weges‹[1], und ich legte seine Sachen[2] in dessen Inneres.

Da sandte der Fürst von Byblos zu mir mit den Worten: ›Mache dich [fort aus meinem] Hafen!‹ Da sandte ich zu ihm mit den Worten: ›Ich tue [gern, was du sagst, aber] wohin [soll ich schon fahren? Schließlich muß ich noch meinen Auftrag erfüllen! Und] wenn [ich ihn erfüllt habe, fehlt mir das Geld für] meine Rückfahrt. Veranlasse, daß man mich wieder mit nach Ägypten nimmt!‹

Ich verbrachte neunundzwanzig Tage in seinem Hafen, und er sandte täglich zu mir mit den Worten: ›Mache dich fort aus meinem Hafen!‹

Als er nun einmal seinen Göttern opferte, da packte der Gott einen jungen Mann von seinen jungen Leuten, und er ließ ihn in Verzückung geraten. Da sprach er zu ihm[3]: ›Hole [den Gott] herauf! Hole den Boten, der ihn bei sich trägt! Denn Amun ist es, der ihn gesandt hat! Er ist es, der ihn kommen ließ!‹

So war der Verzückte verzückt in dieser Nacht, und ich fand ein Schiff, das auf dem Wege nach Ägypten war. Ich lud all meine Habe hinein. Ich schaute nach der Dunkelheit und sagte: ›Wenn sie anbricht, lade ich den Gott ein, damit ihn kein anderes Auge erblickt.‹

[1] Ein Bild des Gottes Amun von Theben.
[2] Dem Gott Amun gehört natürlich auch das Geld sowie das Reisegepäck des Wenamun.
[3] Der Fürst von Byblos sprach zu dem Verzückten.

Da kam der Hafenmeister zu mir und sprach: ›Bleibe bis zum Morgen, so sagt der Fürst!‹ Ich sagte zu ihm: ›Bist nicht du es, der täglich zu mir kommt und sagt ›Mache dich fort aus meinem Hafen‹? Sagst du nicht ›Bleibe in dieser Nacht‹, um das Schiff abfahren zu lassen, das ich gefunden habe, und um dann wiederzukommen und zu sagen ›Gehe du wieder fort‹?

Er ging. Er sagte es dem Fürsten. Der Fürst sandte zu dem Schiffskapitän mit den Worten: ›Bleibe bis zum Morgen, so sagt der Fürst!‹

Als der Morgen da war, sandte er[1] und führte mich hinauf. Der Gott indes ruhte in dem Zelt, in dem er war, am Ufer des Meeres. Ich fand ihn[1], wie er dasaß in seinem oberen Gemach. Sein Rücken lehnte an einem Fenster, und die Wellen des großen Meeres von Syrien schlugen an seinen Nacken.

Ich sagte zu ihm: ›Amun sei gnädig!‹ Er sprach zu mir: ›Wie lange ist es bis heute, seit du von dorther gekommen bist, wo Amun ist?‹ Ich sagte zu ihm: ›Fünf volle Monate bis jetzt.‹ Er sprach zu mir: ›Schau her, bist du auch aufrichtig? Wo ist denn das Schreiben des Amun, das in deiner Hand sein sollte? Wo ist der Brief des Hohenpriesters des Amun, der in deiner Hand sein sollte?‹ Ich sagte zu ihm: ›Ich habe sie dem Smendes und der Tentamun gegeben.‹

Er war sehr ärgerlich geworden. Er sprach zu mir: ›Aber siehe, das Schreiben und der Brief sind nicht in deiner

[1] Der Fürst von Byblos.

Hand! Wo ist das Zedernholzschiff, das dir Smendes gegeben hat? Wo ist dessen syrische Besatzung? Er hat dich doch wohl nicht anvertraut diesem ausländischen Kapitän, daß er dich töten läßt und man dich in das Meer wirft? Bei wem hätte man dann den Gott gesucht? Und auch du – bei wem hätte man dich selbst gesucht?‹ So sprach er zu mir.

Ich sagte zu ihm: ›War es etwa kein ägyptisches Schiff und auch keine ägyptische Mannschaft, die für Smendes fährt? Er hat gar keine syrische Mannschaft!‹

Er sprach zu mir: ›Gibt es nicht zwanzig Schiffe hier in meinem Hafen, die in Handelsbeziehung stehen mit Smendes? Und was dieses Sidon angeht, an welchem du auch vorbeigefahren bist – gibt es da nicht auch fünfzig Schiffe, die in Handelsbeziehung stehen mit Werekter und zu seinem Hause Verbindung haben?‹

Ich schwieg in diesem großen Augenblick. Er antwortete und sprach zu mir: ›Wegen welch eines Auftrages bist du gekommen?‹ Ich sagte zu ihm: ›Ich bin gekommen wegen des Bauholzes für die große prächtige Barke des Amun-Re, des Königs der Götter. Was dein Vater getan hat und was der Vater deines Vaters getan hat, wirst auch du tun!‹ So sagte ich zu ihm.

Er sprach zu mir: ›Sie haben es wahrlich getan! Wenn du mir ‹etwas› gibst für solches Tun, dann tue ‹auch› ich es. Gewiß, die Meinen haben den Auftrag ausgeführt, nachdem Pharao – er lebe, sei heil und gesund – sechs Schiffe kommen ließ, beladen mit Waren aus Ägypten, die sie in ihre Magazine entluden. Und du – was bringst du mir, ja mir?‹

Er ließ die Tagebücher seiner Väter holen. Er ließ sie mir vorlesen. Man fand, es waren tausend Deben Silber, was alles in seinem Buche war. Da sprach er zu mir: ›Wenn der Herrscher Ägyptens der Herr des Meinigen wäre und auch ich sein Diener, dann hätte er nicht Silber und Gold bringen lassen mit den Worten ›Erledige den Auftrag des Amun!‹ Es war auch kein Königsgeschenk, das er meinem Vater darbrachte. Was aber mich angeht, so bin ich nicht dein Diener, und ich bin auch nicht der Diener dessen, der dich gesandt hat! Wenn ich zum Libanon hinaufrufe, dann öffnet sich der Himmel, und die Hölzer liegen hier am Ufer des Meeres. Gib mir die Segel, die du mitgebracht hast, um deine Schiffe voranzutreiben, die deine Hölzer nach ‹Ägypten› tragen sollen! Gib mir die Stricke, [die] du mitgebracht hast, [um die Zedern zusammenzubinden], die ich fällen soll, um sie dir [dann zum Geschenk] zu machen. [Doch was soll es, wenn du Segel und Stricke vergessen hast! Bin] ich es, der dir die Segel für deine Schiffe macht? Und die Steven werden überlastet, und sie werden brechen, und du wirst mitten im Meer sterben! Siehe, Amun donnert am Himmel; er schickt den Sutech[1] zu seiner Zeit. Ja, Amun hat alle Länder gegründet. Er hat sie gegründet, nachdem er das Land Ägypten, aus dem du kommst, zuerst gegründet hatte. Denn die Kunstfertigkeit ist von dort gekommen bis dahin, wo ich bin. Und die Wissenschaft ist von dort gekommen bis dahin, wo ich bin. Was sollen ‹da› diese törichten Reisen, die man dich machen läßt?‹

Ich sagte zu ihm: ›Falsch! Das sind keine törichten Reisen, auf denen ich mich befinde! Es gibt kein Schiff auf dem Strom, das nicht dem Amun gehört. Ihm gehört das Meer,

[1] Den gewalttätigen Gott Seth verehrte man im Delta als Sutech.

ihm gehört auch der Libanon, von dem du sagst ›Er gehört mir!‹ Er treibt Gewächs für ‹das Schiff› ›Userhat-Amun‹, Herrin [aller] Schiffe. Fürwahr, so hat Amun-Re, der König der Götter, gesprochen, und er sagte zu Herihor, meinem Herrn: ›Sende mich aus!‹ Und er hat mich reisen lassen mit diesem großen Gott. Doch siehe, du ließest diesen großen Gott diese neunundzwanzig Tage zubringen, derweil er in deinem Hafen gelandet war. Und du wußtest nicht, daß er hier war? Ist er nicht derselbe, der er war? Du stehst da, um wegen des Libanon mit Amun, dessen Herrn, zu feilschen? Was deine Rede angeht, die früheren Könige hätten Silber und Gold bringen lassen – wenn sie Leben und Gesundheit gehabt hätten[1], dann hätten sie nicht die Sachen bringen lassen! Sie haben deinen Vätern ‹nur› die Sachen bringen lassen anstelle von Leben und Gesundheit! Doch was Amun-Re, den König der Götter, angeht: Er ist der Herr des Lebens und der Gesundheit! Und er war der Herr deiner Väter. Sie verbrachten ihr Leben damit, dem Amun zu opfern. Auch du, du bist ein Diener des Amun! Wenn du zu Amun sagst ›Ich tue es, ich tue es‹ und seinen Auftrag ausführst, dann wirst du leben und heil und gesund sein! Und du wirst es gut haben in deinem ganzen Lande und bei deinen Leuten! Verlange nicht etwas für dich, was dem Amun-Re, dem König der Götter, gehört, denn ein Löwe liebt wahrlich sein Eigentum! Lasse mir deinen Schreiber holen, daß ich ihn schicke zu Smendes und Tentamun, den Fundamenten, die Amun dem Norden seines Landes gegeben hat. Sie werden alles, was nötig ist, bringen lassen! Ich werde ihnen folgendes schreiben: ›Schicke es, bis ich zum Süden kommen werde, und ich

[1] Die früheren Könige waren nicht imstande, Leben und Gesundheit zu verschicken, sonst hätten sie es sicherlich getan.

lasse dir deinen ganzen Fehlbetrag auch wiederbringen!‹ So sagte ich zu ihm.

Er gab meinen Brief seinem Boten in die Hand. Er belud das Bodenbrett, das Oberteil des Vorderstevens und das Oberteil des Achterstevens, dazu vier andere behauene Hölzer – macht insgesamt sieben[1] – und ließ sie nach Ägypten bringen.

Sein Bote, der nach Ägypten gereist war, kam zu mir nach Syrien zurück im ersten Monat der Winterjahreszeit[2]. Smendes und Tentamun ließen vier Krüge Gold und einen Pokal bringen, fünf Krüge Silber, zehn Stück Kleider aus Königsleinen, zehn feine oberägyptische Schleier, fünfhundert dichtgeflochtene Matten, fünfhundert Rinderhäute, fünfhundert Stricke, zwanzig Sack Linsen und dreißig Körbe Fische. Und sie[3] ließ mir ‹noch› bringen fünf Stück feine oberägyptische Kleider, fünf feine oberägyptische Schleier, einen Sack Linsen und fünf Körbe Fische.

Der Fürst freute sich. Er stellte dreihundert Mann und dreihundert Ochsen bereit, und er setzte Aufseher über sie ein, um die Bäume fällen zu lassen. Sie wurden gefällt, und sie blieben die Winterzeit über dort liegen. Im dritten Monat der Sommerjahreszeit[4] schleppte man sie an den Strand des Meeres.

Der Fürst kam heraus. Er stellte sich neben sie. Er sandte

[1] Er belud die genannten Teile des Schiffes mit jeweils einer anderen Holzart und ließ noch weitere vier Holzarten verstauen.
[2] November bis Februar, hier also November.
[3] Tentamun.
[4] Februar/März bis Juni, hier April.

nach mir mit den Worten: ›Komm!‹ Als ich mich zu ihm hingestellt hatte, fiel der Schatten seines Sonnenschirmes auf mich. Da kam mir Penamun – ein Bediensteter, der ihm gehörte – dazwischen und sagte: ›Der Schatten des Pharaos – er lebe, sei heil und gesund –, deines Herrn, ist auf dich gefallen!‹ Aber der wurde böse zu ihm und sagte: ›Laß ihn doch!‹

Ich stellte mich ‹also› bei ihm hin. Er antwortete und sprach zu mir: ›Schau, den Auftrag, den früher meine Väter ausgeführt haben, habe ‹auch› ich ausgeführt, obgleich du deinerseits mir nicht das erbracht hast, was deine Väter uns erbracht haben. Schau, das letzte Stück deines Bauholzes ist angekommen; es liegt da! Tue nach meinem Herzen, gehe und lade es ein! Oder soll man es dir etwa nicht geben? Fang nicht an, auf das Grausen des Meeres zu blicken! Denn wenn du auf das Grausen des Meeres blickst, dann mußt du auch auf das meinige sehen! Fürwahr, ich habe dir nicht das angetan, was man den Gesandten des Chaemwese angetan hat, nachdem sie siebzehn Jahre in diesem Lande verbracht hatten! Sie sind gestorben, wo sie waren!‹

Er sagte zu seinem Bediensteten: ›Nimm ihn mit und laß ihn das Grab sehen, in dem sie ruhen!‹ Ich sagte zu ihm: ›Laß es mich nicht sehen! Was Chaemwese angeht: Das waren Leute, die er dir als Boten geschickt hatte, und auch er selbst war ein Mensch. Du hast nicht einen seiner Boten ‹vor dir›, daß du sagen könntest: ›Gehe und schau dir deine Genossen an!‹ Freust du dich nicht ‹vielmehr› und läßt dir einen Gedenkstein machen? Und auf diesem sagst du: ›Amun-Re, der König der Götter, hat mir den ›Amun des Weges‹, seinen Boten – er lebe, sei heil und gesund –, geschickt zusammen mit Wenamun, seinem menschlichen Boten, wegen des Bauholzes für die große prächtige Barke des Amun-Re, des Königs der Götter. Ich habe es gefällt, ich habe es verladen, und ich habe ihn ausgestattet mit meinen Schiffen und meinen Mannschaften. Ich habe sie nach Ägypten gelangen lassen, um für mich fünfzig Lebensjahre von Amun zu erbitten über das hinaus, was mir bestimmt ist.‹ Und wenn es dann eines anderen Tages geschieht, daß ein Bote aus dem Lande Ägypten herkommt, der die Schrift kennt und deinen Namen auf dem Denkstein lesen wird, dann wirst du Wasser des Westens empfangen wie die Götter, die hier sind.‹

Er sagte zu mir: ›Das ist ein großes wortreiches Zeugnis, das du mir gesagt hast!‹ Ich sagte zu ihm: ›Was das Viele angeht, das du mir gesagt hast: Wenn ich dorthin gelange, wo der Hoherpriester des Amun weilt, und er deinen Auftrag sieht, dann wird dein Auftrag etwas für dich herausschlagen!‹

Ich ging zum Strand des Meeres, dorthin, wo die Hölzer lagen. Da erblickte ich elf Schiffe, die auf dem Meere ankamen. Sie gehörten den Tjekern und hatten den Auftrag: ›Nehmt ihn gefangen und laßt keine Schiffe von ihm nach dem Lande Ägypten!‹ Da setzte ich mich nieder und weinte.

Der Urkundenschreiber des Fürsten kam zu mir her, und er sagte zu mir: ›Was ist mit dir?‹ Ich sagte zu ihm: ›Siehst du nicht die Zugvögel, die ‹schon› zum zweiten Male nach Ägypten ziehen? Schaue sie an! Sie ziehen zu dem Nilkatarakt – und wie lange dauert es noch, daß ich hier liege?

Siehst du sie denn nicht, wie sie kommen, um mich wieder gefangenzunehmen?‹

Er ging und sagte es dem Fürsten. Und der Fürst begann zu weinen wegen der Sache, die ihm gesagt worden war und die so traurig war. Er ließ seinen Urkundenschreiber zu mir herauskommen, der mir zwei Maß Wein brachte sowie einen Hammel. Und er ließ mir Tentnut, eine ägyptische Sängerin, holen, die er besaß, mit den Worten: ›Singe für ihn, damit er sich keine Gedanken macht!‹ Und er sandte zu mir mit den Worten: ›Iß, trink und mache dir keine Gedanken! Du sollst alles das, was ich zu sagen habe, morgen hören!‹

Als es Morgen geworden war, ließ er seine Berater zusammenrufen, stellte sich in ihre Mitte und sagte zu den Tjekern: ›Was soll euer Anmarsch?‹ Sie sagten zu ihm: ›Wir fahren hinter den Schiffen her, die zerschlagen werden müssen, weil du sie nach Ägypten schickst mit unseren Feinden.‹ Er sagte zu ihnen: ›Ich kann nicht den Boten des Amun inmitten meines Landes gefangennehmen. Erlaubt, daß ich ihn abschicke, und dann fahrt hinter ihm her, um ihn gefangenzunehmen!‹

Er lud mich ein und schickte mich dort zu dem Hafen des Meeres. Der Wind trieb mich zu dem Land Alassia[1]. Die Einwohner der Stadt kamen zu mir, um mich zu töten, aber ich drängte mich zwischen ihnen durch bis dorthin, wo die Hateb, die Fürstin der Stadt, war. Ich fand sie, als sie aus ihrem einen Haus kam und in ihr anderes hineingehen wollte. Ich begrüßte sie. Ich sagte zu den Leuten, die bei ihr

[1] Zypern. (Siehe Karte S. 239)

standen: ›Gibt es nicht einen unter euch, der die ägyptische Sprache versteht?‹ Einer von ihnen sagte: ›Ich verstehe ‹sie›!‹ Ich sagte zu ihm: ›Sage meiner Herrin: Ich habe bis nach Theben, bis dorthin, wo Amun ist, sagen gehört: ›Man tut Unrecht in allen Städten, aber man tut Recht im Lande Alassia.‹Tut man etwa hier täglich Unrecht?‹ Sie sagte: ›Fürwahr, was soll dein Reden?‹ Ich sagte zu ihr: ›Wenn das Meer wütet und der Wind mich zu dem Lande treibt, in dem du bist, dann wirst du doch nicht etwa zulassen, daß man mich von vorn anpackt, um mich zu töten? Ich bin doch ein Gesandter des Amun! Schau nur her, ich bin der, nach dem man jeden Tag suchen wird! Was diese Mannschaft des Fürsten von Byblos angeht, die man zu töten sucht: Findet nicht etwa ihr Herr zehn Mannschaften von dir, und tötet auch er sie?‹

Sie ließ die Leute rufen, und man stellte sich auf. Sie sprach zu mir: ›Lege dich schlafen!‹ . . .«

Ägypten und die Ägypter

Ägypten und die Ägypter

Im Jahre 484 v. Chr. wurde Herodot in Halikarnaß geboren, einer kleinen Stadt im Südwesten von Kleinasien. Wegen politischer Unruhen verließ er als junger Mann seine Heimat und floh auf die Insel Samos. Dort hielt er sich etwa vierzehn Jahre lang auf, bis er wieder nach Halikarnaß zurückkehrte. Doch nach etwa vierjährigem Aufenthalt in seiner Heimat zog er nach Athen und von dort etwa um 444 v. Chr. in die zwei Jahre zuvor von Perikles neuangelegte Kolonie Thurioi in Unteritalien. Hier starb er um das Jahr 424 v. Chr.

Auf ausgedehnten Studienreisen gelangte Herodot bis in die entlegensten Winkel der damals bekannten Welt, holte dort Erkundigungen ein, stellte Nachforschungen an und verarbeitete die Ergebnisse in den »Historien«, seinem großartigen, neun Bücher umfassenden Geschichtswerk. Etwa in den Jahren 447–445 v. Chr. bereiste Herodot auch Ägypten, das damals unter persischer Gewalt stand und beherrscht wurde von Artaxerxes I., den die Ägypter als einen der Pharaonen der 27. Dynastie anerkannt hatten. Herodot besuchte die Städte Sais und Bubastis im Nildelta, besichtigte die Flußoase Faijum und erreichte schließlich über das einst hunderttorige Theben hinaus als südlichsten Ort seiner Reise Elephantine am ersten Katarakt des Nil. Von der Priesterschaft in Heliopolis und Memphis ließ er sich über die Eigentümlichkeiten des Landes unterrichten, und leichtgläubig hielt er etliches für wahr, was jene übertrieben dargestellt oder gar erfunden hatten.

Im zweiten Buche seiner Historien schildert er seine Eindrücke, Erfahrungen, Beobachtungen, gibt die Berichte der Priester wieder und schreibt die Forschungsergebnisse auf, die von einzigartigem kulturgeschichtlichem und ethnographischem Werte sind. Ausführlich erfahren wir über die Geographie des Landes, über Sitten und Gebräuche der Ägypter (vgl. die nachfolgende Übersetzung aus Buch II, Kapitel 35–36, 77–78), über die hochentwickelte Heilkunst und die Mumifizierung der Verstorbenen (II, 84–89), über den Bau der Großen Pyramiden von Gizeh (II, 124–129, 134) und über das geradezu ungeheure Labyrinth am Ufer des Moiris-Sees (II, 147–150). Meisterhaft auch versteht es der Autor, seine Historien mit kleineren Novellen auszuschmücken, zum Beispiel mit der Geschichte von König Rhampsinitos und dem Meisterdieb (II, 99–100, 121). Wegen seines Wissens und seiner rhetorischen Begabung schätzten ihn schon im Altertum so berühmte Historiker und Philosophen wie Aristoteles, Diodor, Strabon, Josephus und Eusebios, und Cicero gar nannte Herodot den Vater der Geschichte.

Zwar ist das von Herodot selbst geschriebene Buch bis heute nicht gefunden worden, aber glücklicherweise sind etliche Abschriften der Historien bekanntgeworden, deren älteste auf Papyrus aus dem ersten vorchristlichen Jahrhundert stammt.

Für die nachfolgende Übersetzung des griechischen Textes wurde die Ausgabe des Heimeran Verlages, Herodot Historien, München 1977, 2. durchgesehene Auflage, benutzt.

»Ich mache mich nun daran, ausführlicher von Ägypten zu erzählen, weil es sehr viel Wundersames und Werke hat, so daß es sich in seiner Größe mit jedem anderen Land messen kann. Deshalb will ich mehr darüber erzählen.

Wie der Himmel bei den Ägyptern anders ist als anderswo, wie der Strom sich anders verhält als die anderen Ströme, so stehen auch die Sitten und Bräuche zum größten Teil im Gegensatz zu denen der übrigen Völker. Bei diesen gehen die Frauen auf den Markt und treiben Handel, und die Männer sitzen zu Hause und weben. Und die anderen Völker schlagen beim Weben den Einschlag nach oben, die Ägypter aber nach unten. Die Lasten tragen die Männer auf dem Kopf, die Frauen aber auf den Schultern. Den Urin lassen die Frauen im Stehen, die Männer aber im Sitzen. Ihre Erleichterung verschaffen sie sich in den Häusern, sie essen aber draußen auf der Straße. Und sie sagen dazu, daß man das Häßliche, aber Notwendige im Verborgenen erledigen muß, aber das nicht Häßliche öffentlich. Ein Priesteramt versieht keine Frau, weder bei männlichen noch bei weiblichen Gottheiten, aber Männer tun es bei allen männlichen und allen weiblichen. Die Eltern zu versorgen ist für die Söhne keine Pflicht, wenn sie es nicht wollen; für die Töchter aber ist es größte Pflicht, auch wenn sie nicht wollen.

Die Priester der Götter tragen anderswo langes Haar, in Ägypten aber rasieren sie es ab. Bei den anderen Völkern ist es Sitte, daß sich die nächsten Verwandten bei Trauer das Haar abschneiden. Die Ägypter aber lassen, wenn jemand stirbt, das Haupthaar und den Bart wachsen, während man sich sonst schert. Andere Völker leben von Tieren getrennt, die Ägypter aber leben mit Tieren zusammen. Von Weizen und Gerste leben die anderen, den Ägyptern aber gilt es als große Schande, davon zu leben. Vielmehr machen sie das Brot aus Spelt, den einige andere Dinkel nennen. Sie kneten den Teig mit den Füßen, den Lehm aber mit den Händen. Auch den Mist sammeln sie so auf! Die anderen Völker lassen die Geschlechtsteile, wie sie sind. Nur die Ägypter und alle, die es von diesen gelernt haben, beschneiden sie. Jeder Mann trägt zwei Kleidungsstücke, jede Frau aber nur eins. Die Ringe und Taue der Segel binden die anderen außen fest, die Ägypter aber innen. Die Griechen schreiben Buchstaben und machen Berechnungen, indem sie die Hand von links nach rechts führen, die Ägypter aber von rechts nach links; und dabei behaupten sie, sie schrieben nach rechts, die Griechen aber nach links. Sie gebrauchen zwei Arten von Buchstaben, und die einen heißen die heiligen, die anderen die demotischen[1].

Was nun die Ägypter selbst angeht, die im bebauten Teile von Ägypten wohnen, so pflegen sie von allen Menschen am meisten die Erinnerung an die Vergangenheit, und sie sind bei weitem die gelehrtesten Menschen, die ich fern der Heimat kennengelernt habe. Folgendermaßen gestalten sie ihr Leben: Jeden Monat nehmen sie drei Tage hintereinander Abführmittel ein, und sie erhalten sich durch Brechmittel und Klystiere ihre Gesundheit. Denn sie glauben, alle Krankheiten bei den Menschen kämen von den ver-

[1] Mit der »heiligen Schrift« meinten die Griechen das sogenannte Hieratische, in der man religiöse Texte auf Papyrus niederschrieb. Die »Volksschrift« hingegen, das Demotische, verwendete man vorwiegend als Urkundenschrift.

zehrten Speisen. Die Ägypter sind doch sonst schon nach den Libyern die gesündesten von allen Menschen. Mir scheint das am Klima zu liegen, da die Jahreszeiten nicht wechseln. Bei den Menschen entstehen die meisten Krankheiten durch Veränderungen, vor allem denn auch durch die Jahreszeiten.

Sie essen Brot, das sie aus Spelt gemacht haben, das jene Kyllestis nennen. Das Bier, das sie trinken, ist aus Gerste hergestellt; denn bei ihnen gibt es keine Weinstöcke im Lande. An Fischen essen sie entweder an der Sonne getrocknete und ungekochte oder in Salzwasser eingelegte. An Vögeln essen sie Wachteln, Enten und kleinere Vögel roh, nachdem man sie zuvor eingesalzen hatte. Alle anderen Arten von Vögeln und Fischen, die es bei ihnen gibt – mit Ausnahme derer, die sie für heilig halten –, essen sie gebraten oder gekocht.

Wenn die Reichen beisammen sind, trägt sogleich nach dem Essen ein Mann ein hölzernes Leichenbild in einem Sarg herum. Es ist auf das beste nachgebildet und bemalt. Im ganzen ist es ein oder zwei Ellen lang. Er hält es jedem der Zechgenossen vor und sagt: ›Diesen schau an! Dann trinke und sei fröhlich! Denn wenn du tot bist, wirst du auch so sein!‹ Solches wahrlich tun sie bei ihren Gelagen!«

Die Mumifizierung

Die Mumifizierung

Über die verschiedenen Arten der Mumifizierung berichtet uns anschaulich Herodot im zweiten Buche seiner Historien in den Kapiteln 84–89 (siehe hierzu ausführlich Seite 188). Ihm verdanken wir weitgehend unsere heutige Kenntnis über die damals drei unterschiedlichen Verfahrensweisen bei der Mumifizierung der Verstorbenen.

Nach der religiösen Vorstellung der Ägypter leben ja die Verstorbenen im Jenseits weiter. Also mußten die Lebenden dafür Sorge tragen, daß die Verstorbenen unversehrt in das Jenseits gelangten. Zu diesem Zwecke wickelte man den Toten sorgfältig ein, verschnürte das »Paket« und schickte es auf die Reise in die jenseitige Welt. Auf diese Weise war sichergestellt, daß der Verstorbene wohlbehalten dort ankam und in Gesundheit weiterleben konnte.

Der Übersetzung liegt die Ausgabe des Heimeran-Verlages zugrunde (siehe oben S. 188).

»Und die Heilkunst ist bei ihnen wie folgt aufgeteilt: Jeder Arzt ist nur für eine Krankheit da und nicht für mehrere. Für alles gibt es Ärzte: Die einen Ärzte sind für die Augen zuständig, die anderen für den Kopf, ‹wieder andere› für die Zähne, ‹andere› für den Unterleib und ‹wieder andere› für innere Krankheiten.

Totenklage und Begräbnis sind bei ihnen folgendermaßen: Wenn in einem Haus ein angesehener Mann stirbt, streicht sich die ganze weibliche Hausbewohnerschaft den Kopf oder auch das Gesicht mit Schlamm ein, läßt dann die Leiche im Hause liegen und läuft durch die Stadt mit hochgegürtetem Gewande und entblößter Brust und schlägt sich. Und mit ihr tun es alle weiblichen Verwandten. Andererseits schlagen sich die Männer, ebenfalls mit hochgegürtetem Gewande. Sobald sie das getan haben, besorgen sie die Einbalsamierung.

Da gibt es extra Leute, die sich hierfür niedergelassen haben und dieses Gewerbe ausüben. Wenn zu ihnen ein Toter gebracht wird, zeigen sie den Herbeibringenden hölzerne Muster von Toten, die in Malerei nachgebildet sind. Doch bei dem kostbarsten Muster will ich aus Gottesfurcht nicht den Namen für dieses Verfahren nennen. Sie zeigen auch eine zweite Art, die geringwertiger und sparsamer ist als jene sowie eine dritte, die billigste.

Nun fragen sie, nach welcher Methode man den Toten zubereitet haben möchte. Ist man nun mit dem Preis übereingekommen, gehen die Angehörigen fort, und jene ziehen sich in ihre Werkstatt zurück, und sehr sorgfältig mumifizieren sie auf folgende Weise:

Zuerst ziehen sie das Gehirn mit einem gekrümmten Eisendraht durch die Nasenlöcher heraus. Zum Teil ziehen sie es so heraus, zum Teil gießen sie auch Arzneien hinein. Danach nun schneiden sie mit einem scharfen äthiopischen Stein in die Weichen, wo sie alles Eingeweide herausholen. Wenn sie dieses gründlich gereinigt und mit Palmwein ausgespült haben, legen sie es in kleingeriebenes Räucherwerk ein. Wenn sie dann den Bauch mit reiner kleingeriebener Myrrhe, mit Kasienlorbeer und mit dem übrigen Räucherwerk gefüllt haben, jedoch nicht mit Weihrauch, nähen sie ihn wieder zusammen. Sobald sie das erledigt haben, legen sie ‹die Leiche› ganz in Natronlauge ein, und zwar siebzig Tage lang. Länger darf man sie nicht einlegen. Wenn nun die siebzig Tage vorübergegangen sind, waschen sie den Toten und umwickeln dessen ganzen Körper mit Binden aus Byssos-Linnen. Und sie bestreichen ihn mit Gummi, was die Ägypter auch an Stelle von Leim verwenden. Hiernach holen die Angehörigen ihn ab, fertigen einen hölzernen Sarg in Menschengestalt an und legen den Toten hinein. Und so eingeschlossen bewahren sie ihn in der Familiengrabkammer auf, aufrecht gegen die Wand gestellt.

So also behandeln sie die Leichen auf die teuerste Art. Denjenigen aber, der die Kosten scheut und die mittlere Art wünscht, behandeln sie folgendermaßen:

Sobald sie die Klystierspritze mit dem aus der Zeder gewonnenen Öl gefüllt haben, füllen sie es nun in den Leib der Leiche, ohne sie aufzuschneiden noch die Eingeweide herauszuholen. Durch den After spritzen sie es ein und verhindern den Ausfluß. Danach legen sie die Leiche für bestimmte Tage ein. Am letzten Tag lassen sie das vorher eingeführte Zedernöl wieder aus dem Leib heraus. Es hat solch eine große Kraft, daß es zugleich den Magen und die Eingeweide aufgelöst mit herausführt. Das Natron zersetzt das Fleisch, so daß von der Leiche nur Haut und Knochen übrigbleiben. Nachdem sie dieses getan haben, geben sie den Toten so zurück, ohne daß sie noch irgendetwas unternommen haben.

Die dritte Einbalsamierungsart, die nur die Armen anwenden, ist folgende:

Mit Rettichöl spülen sie den Leib aus und legen ihn siebzig Tage lang ein. Danach wird er zum Abholen zurückgegeben.

Die Frauen angesehener Männer gibt man nicht, sobald sie gestorben sind, sogleich zum Einbalsamieren, und schon gar nicht solche, die sehr schön sind oder von größerem Ansehen. Vielmehr übergibt man sie erst, nachdem drei oder vier Tage vergangen sind, den Einbalsamierern. Das tut man deshalb, damit sich nicht diese Einbalsamierer an diesen Frauen vergehen. Denn es wurde einmal jemand – wie man sagt – erwischt, der sich an einer frischen Leiche einer Frau verging, doch ein Berufsgenosse habe ihn angezeigt.«

Das erste der
Sieben Weltwunder:
Die Pyramiden

Das erste der Sieben Weltwunder: Die Pyramiden

Im zweiten Buche seiner Historien, Kapitel 124–129 und 134, schildert uns Herodot den Bau der drei Großen Pyramiden, die in der Antike als das erste der Sieben Weltwunder angesehen wurden: Die Pyramiden der Pharaonen Cheops, Chephren und Mykerinos.

Herodot berichtet in aller Ausführlichkeit über das für alle Zeiten gewaltigste Bauwerk, die einst 146 m (heute noch 137 m) hohe Pyramide des Pharaos Cheops (um 2545–2520 v. Chr.) in Gizeh. Wir erfahren über Bautechnik und Bauzeit dieses großartigen Werkes, das ab 2545 v. Chr. entstanden ist. Jene Leistung habe aber nur vollbracht werden können, weil unter Pharao Cheops Tyrannei und Unterdrückung an der Tagesordnung gewesen sei. Fest steht heute allerdings, daß es damals im Alten Reich keine Sklaverei gegeben hat. Vielmehr haben Tausende von Ägyptern während der Zeit der Nilüberschwemmung, die regelmäßig drei Monate im Jahr anhielt, ihrem höchsten Gott, dem Pharao Cheops, in jahrzehntelanger Arbeit und noch zu dessen Lebzeiten das Grab als eine religiöse Gemeinschaftsleistung errichtet. Noch heute stehen wir gebannt vor der technischen Meisterleistung und bewundern die Exaktheit der Ausführung. Mit welcher Präzision damals gearbeitet wurde, veranschaulicht uns die Tatsache, daß z. B. die Seitenlänge von 220 m nur um 16 mm von der Waagerechten abweicht! Als Vergleich denke man nur an unsere Zimmerdecke, die bei etwa 5 m Seitenlänge rund 2 cm Höhenunterschied aufweist!

Die Pyramide des Chephren (um 2510–2485 v. Chr.) weicht in ihrer Höhe nur geringfügig von der des Cheops ab: Ursprünglich war sie 143,5 m hoch, heute mißt sie noch 136,5 m. Da sie auf etwas höherem Niveau errichtet wurde, erscheint sie dem Betrachter genauso groß wie die Cheops-Pyramide.

Mykerinos (um 2485–2457 v. Chr.) war einer der letzten Pharaonen der 4. Dynastie. Er ließ sich sein Königsgrab in einer Zeit des wirtschaftlichen Niedergangs errichten. Auch religiöse Wandlungen treten jetzt unter seiner Regierungszeit deutlich hervor: Der Pharao ist nicht mehr gleich Gott, er ist nur noch der Sohn Gottes. Diese Erniedrigung findet schließlich ihren Ausdruck in der nun wesentlich kleineren Pyramide des Mykerinos, die es »gerade noch« auf 66,5 m Höhe bringt.

Bei alledem, was Herodot uns schildert, dürfen wir nicht vergessen, daß zwischen der Errichtung der riesigen Bauwerke und dem Zeitpunkt der Niederschrift des vorliegenden Berichtes mittlerweile über zweitausend Jahre vergangen sind.

Die Übersetzung folgt wieder der griechischen Textausgabe des Heimeran-Verlages, vergleiche S. 188.

»Bis zu König Rhampsinitos[1] nun war in Ägypten – so erzählt man – jegliche Ordnung, und Ägypten blühte sehr auf. Nach ihm aber wurde Cheops[2] König, und er führte ‹das Land› in ein großes Unglück; denn er ließ zunächst alle Heiligtümer schließen und verhinderte das Opfern, dann zwang er alle Ägypter, für ihn zu arbeiten. Den einen wurde befohlen, aus den Steinbrüchen im arabischen Gebirge Steinblöcke bis an den Nil heranzuschleppen; dann wurden diese auf Schiffen über den Fluß geschafft. Und anderen trug er auf, sie abzunehmen und bis zu den sogenannten libyschen Bergen zu ziehen. Hunderttausend Menschen arbeiteten jedesmal daran, und zwar jeweils drei Monate lang. An Zeit vergingen für das unterdrückte Volk zehn Jahre allein für den Bau der Straße, auf der es die Steine entlangzog, ein Werk, das – wie mir scheint – beinahe ebenso gewaltig ist wie die Pyramide. Denn deren Länge beträgt fünf Stadien[3], die Breite zehn Klafter[4], und an der höchsten Stelle ist sie acht Klafter hoch, aus geglättetem Stein und mit eingemeißelten Tieren.

Zehn Jahre also vergingen hiermit, bis sie an der Anhöhe, auf der die Pyramiden stehen, errichtet waren mitsamt der unterirdischen Kammern, die er sich als Grab auf einer Insel anlegte, indem er einen Kanal des Nil hineinleitete.

[1] Ramses II., an den Herodot hier offenbar denkt, herrschte von 1290–1224 v. Chr., also rund 1230 Jahre nach dem Tode des Cheops. Der Vorgänger des Cheops hieß Snofru.

[2] Er regierte um 2545–2520 v. Chr.

[3] Ein Stadion = 177 m.

[4] Ein Klafter = 1,77 m.

Für den Bau der Pyramide brauchte man eine Zeit von zwanzig Jahren. Sie ist viereckig, jede Seite acht Plethren[1] lang und ebenso hoch, und sie ist aus geglättetem und sehr sorgfältig zusammengefügtem Stein. Kein Stein ist weniger als dreißig Fuß[2] lang.

Die Pyramide wurde nun folgendermaßen errichtet: Sie ist in der Art einer Treppe; Absätze sagen ‹dazu› die einen, Stufen die anderen. Hatte man erst einmal eine solche erbaut, hob man die übrigen Steine mit einer kurzen Holzvorrichtung empor. So hob man sie auf die erste Stufe der Treppe. Sobald man nun den Stein daraufgebracht hatte, wurde er auf eine andere Vorrichtung gelegt, die auf der ersten Stufe stand. Von dieser nun wurde er auf die zweite Stufe geschleppt auf eine andere Vorrichtung; denn wieviele Treppenstufen es waren, soviele Vorrichtungen gab es, es sei denn, daß man ein und dieselbe Vorrichtung, die ja leicht zu tragen war, auf jede einzelne Stufe hinübertrug, sobald man den Stein abgenommen hatte. Mir wurde nämlich über beides erzählt, ganz so wie ‹oben› berichtet. So wurde zuerst ihre Spitze fertiggestellt, danach machten sie den darunterliegenden Teil, und zuletzt stellten sie den auf dem Boden und unter dem Boden liegenden Teil her.

Mit ägyptischen Buchstaben ist an der Pyramide aufgezeichnet, wieviel Rettich, Zwiebeln und Knoblauch für die Arbeiter aufgebracht wurde. Und wenn ich mich recht an die Zahlen erinnere, die der Dolmetscher nannte, als er mir die Inschriften vorlas, so waren es eintausendsechshundert Talente an Silber. Wenn das so ist, wieviel ist dann erst

[1] Ein Plethron = 100 Fuß = 29,6 m.
[2] Ein Fuß = 29,6 cm.

einmal aufgewendet worden für Eisen für die Bearbeitung, für Nahrungsmittel und für Kleidung für die Arbeiter! Wenn sie schon die genannte Zeit das Werk erbauten, dann war – wie mir scheint – auch die andere Zeit, in der sie die Steine brachen und heraufschleppten und den unterirdischen Tunnel bauten, nicht kurz.

Cheops soll nun in seiner Schlechtigkeit so weit gegangen sein, daß er aus Geldnot seine eigene Tochter in ein Freudenhaus schickte und befahl, Geld einzutreiben, wieviel auch immer es sei – doch die Summe nannten sie nicht. Und sie trieb das von ihrem Vater verlangte ein und dachte darüber nach, auch für sich selbst ein Denkmal zu hinterlassen. Und so bat sie jeden, der sie besuchte, daß er ihr einen Stein für das Bauwerk schenken möge. Aus diesen Steinen – so sagt man – soll die Pyramide erbaut worden sein, die in der Mitte der drei steht, vor der großen Pyramide, deren jede Seite eineinhalb Plethren ist.

Dieser Cheops – so sagen die Ägypter – war fünfzig Jahre lang König. Als er nun starb, übernahm sein Bruder Chephren das Königtum. Und dieser eiferte jenem in jeder Hinsicht nach und errichtete unter anderem auch eine Pyramide, die jedoch an die Maße jener nicht herankam. Denn das habe ich selbst ausgemessen. Sie hat weder unterirdische Kammern, noch fließt ein Kanal vom Nil in sie hinein wie bei der anderen, wo er in einem erbauten Kanal eine Insel umströmt, auf der Cheops begraben sein soll. Als Fundament baute er[1] die erste Schicht aus buntem äthiopischen Stein. Wenngleich sie vierzig Fuß hinter der anderen zurückbleibt, erbaute er sie doch so, daß sie die-

[1] Chephren.

selbe Höhe hatte wie die große ‹Pyramide›. Beide stehen auf derselben Anhöhe, ungefähr einhundert Fuß hoch. Sechsundfünfzig Jahre lang soll Chephren regiert haben[1].

Das sind zusammengerechnet einhundertundsechs Jahre, in denen die Ägypter soviel Drangsal hatten und die Tempel für dieselbe Zeit geschlossen waren und nicht geöffnet wurden. Die Namen dieser ‹Könige› wollen die Ägypter aus Haß gar nicht aussprechen. Vielmehr nennt man die Pyramiden nach dem Hirten Philitis[2], der seinerzeit die Herden in jener Gegend weidete.

Darauf wurde Mykerinos[3] – so sagt man –, ein Sohn des Cheops, König von Ägypten. Diesem mißfielen die Taten seines Vaters, und er öffnete die Tempel und entließ das auf das ärgste mißhandelte Volk zur Arbeit und zu den Opfern. Er urteilte als gerechtester Richter unter allen Königen. Wegen dieser Tat loben die Ägypter ihn auch am meisten von allen Königen, die je dagewesen sind. Und er richtete nicht nur gerecht, sondern gab sogar demjenigen, der sich über sein Urteil beklagte, von seinen eigenen Mitteln ab und befriedigte dessen Gemüt.

Auch er hinterließ eine Pyramide, viel kleiner ‹aber› als die seines Vaters. Auf jeder Seite fehlen zwanzig Fuß an drei Plethren. Sie ist viereckig und bis zur Hälfte aus äthiopischem Stein. Einige Griechen behaupten, sie gehöre der Hetäre Rhodopis, doch das sagen sie zu Unrecht. Sie wissen anscheinend nicht, wer angeblich diese Rhodopis war!

[1] Pharao Chephren regierte um 2510–2485 v. Chr.
[2] Ein uns nicht näher bekannter Nomade, vielleicht auch eine Anspielung auf die Hyksos (um 1650–1550 v. Chr.).
[3] Sohn des Chephren; er regierte um 2485–2457 v. Chr.

Denn dann hätten sie geleugnet, daß sie solch eine Pyramide erbaut hatte, die – um es mit Worten auszudrücken – unzählige Tausende von Talenten verschlungen hat. Außerdem lebte Rhodopis unter König Amasis, nicht aber unter diesem ‹Mykerinos›, sondern viele Generationen später als diese Könige, die jene Pyramiden hinterlassen haben.«

Das Labyrinth
am Moiris-See

Das Labyrinth am Moiris-See

Als der Reiseschriftsteller Herodot während seines rund zweijährigen Ägyptenaufenthaltes in der Zeit von 447–445 v. Chr. das Pharaonenland erforschte, gelangte er auch in die uns heute unter dem Namen Faijum bekannte Flußoase. Im Nordwesten erreichte er den großen Karun-See. Ihn nannte Herodot »Moiris-See«, weil er seinen Namen nach einem König Moiris erhalten haben soll. In Wahrheit jedoch ist dieses Wort altägyptischer Herkunft und bedeutet »Großer See«. Seit der Zeit der Christianisierung nannten ihn die Ägypter Pa-jom (= das Meer), und dieser Name hat sich in dem heutigen »Faijum« erhalten.

Die Seelandschaft mit dem Birket El-Karun im Nordwesten erhält ihr Wasser von einem heute Bahr Jusuf genannten Fluß, der den Nil bei dem mittelägyptischen Ort Dairut verläßt und dann am westlichen Wüstenrand entlangfließt, um schließlich bei dem Dorfe Illahun den schmalen Bergrücken zu durchstoßen, der das Faijum vom Niltal trennt. Sodann strebt der Bahr Jusuf in zahlreichen Bächen dem Karun-See zu. Heute liegt dieser See in einer Senke 45 m unter dem Meeresspiegel und grenzt mit seinem Nordufer an ein mäßig hohes Wüstenplateau. Der See ist 40 km lang und 8 km breit, und seine durchschnittliche Tiefe beträgt 4 m. Im Altertum war der See jedoch sechsmal so groß wie heute, und es wimmelte hier von Krokodilen, so daß der krokodilgestaltige Sobek als der Hauptgott dieses Gebietes verehrt wurde. In der Altsteinzeit lag der Wasserspiegel sogar 22 m über dem des Mittelmeeres.

Die Ränder des Faijum waren zwar schon im Paläolithikum besiedelt, doch erst mit den gewaltigen Kolonisationsarbeiten der 12. Dynastie (1991–1785 v. Chr.) nahm die eigentliche Geschichte dieser Flußoase ihren Anfang. Durch den Bau mächtiger Schleusenanlagen konnte man den See weit zurückdrängen und auf diese Weise eine große Fläche Fruchtlandes hinzugewinnen. Pharao Sesostris II. (1897–1878 v. Chr.) begann diese Kultivierungsarbeiten, und sein übernächster Nachfolger Amenemhet III. (1842–1798 v. Chr.) schloß sie ab.

Beide Pharaonen ließen sich in dem Durchbruchsgebiet des Bahr Jusuf jeweils eine Pyramide errichten. Sesostris baute sie etwa drei Kilometer nordwestlich von Illahun am Rande des Bergrückens, Amenemhet hingegen in der Nähe des Dorfes Hawara, da, wo der Berg zurücktritt und die weite Seelandschaft sich öffnet.

Der Kern der Pyramide von Hawara ist ein natürlicher Fels von 12 m Höhe, der mit aus Stroh vermischten Schlammziegeln überbaut worden ist. Einst waren diese mit Kalksteinplatten verkleidet.

Den zu der Pyramide von Hawara gehörigen Verehrungstempel hatte Amenemhet III. entgegen aller Regeln an der Südseite der Pyramide erbauen lassen. Heute ist er so gut wie verschwunden, und nur ein paar Mauerreste, Säulenbruchstücke und Steinschutt zeugen noch von ihm. Dieser Bau war jenes berühmte Labyrinth, von dem die antiken Schriftsteller Herodot, Diodor, Strabo und Plinius erzäh-

len. Den umfangreichsten Bericht liefert uns übrigens Strabo, der um 25 v. Chr. Ägypten besuchte. Er berichtet uns unter anderem, daß kein Fremder ohne die Hilfe eines Führers den Weg durch die Höfe und Gänge des Labyrinths habe finden können. Sicher ist heute, daß der Tempel, der einst eine Grundfläche von 300 mal 240 m gehabt hat, von allen uns bekannten Totentempeln abwich und sich durch die Schönheit und technische Vollendung sowohl der Gesamtanlage wie auch der einzelnen Bauelemente ausgezeichnet ist. Sicher ist auch, daß das Dach aus gewaltigen Steinplatten bestand und noch kurz vor unserer Zeitrechnung unversehrt war.

Für die Übersetzung der Kapitel 147–150 aus dem zweiten Buche von Herodots Historien wurde die Ausgabe Herodot Historien, 2. durchgesehene Auflage, München 1977, von J. Feix benutzt.

»Das nun erzählen die Ägypter selbst. Was aber die anderen Leute über dieses Land berichten – und mit diesen anderen stimmen die Ägypter überein –, das will ich nun erzählen. Einiges darüber weiß ich auch aus eigener Anschauung.

Die Ägypter haben, nachdem sie befreit worden waren, nach der Herrschaft des Hephaistospriesters – denn zu keiner Zeit vermochten sie ohne einen König zu leben – zwölf Könige eingesetzt, nachdem sie ganz Ägypten in zwölf Teile aufgeteilt hatten. Diese verschwägerten sich untereinander, und sie regierten und bedienten sich der folgenden Vereinbarungen: Sie wollten sich weder gegenseitig stürzen noch wollten sie danach streben, daß der eine gegenüber dem anderen einen Vorteil habe, vielmehr wollten sie die allerbesten Freunde sein. Dies taten sie aus folgenden Gründen und achteten streng darauf: Gleich zu Anfang ist ihnen bei Antritt der Tyrannei geweissagt worden, wer von ihnen in einer ehernen Schale ein Trankopfer im Tempel des Hephaistos darbringe, der solle König werden von ganz Ägypten. Und so kamen sie in allen Tempeln zusammen.

Auch meinten sie, gemeinsam ein Denkmal zu hinterlassen, und als dies beschlossen war, errichteten sie das Labyrinth, das ein wenig oberhalb des Moiris-Sees ungefähr bei der sogenannten Stadt der Krokodile[1] liegt. Ich habe es noch gesehen. Es ist gewaltiger als jede Beschreibung!

[1] Crocodilopolis, das heutige Medinet El-Faijum. (Siehe Karte S. 238)

Wenn man die Mauerbauten und auch die Bauwerke der Griechen zusammenfaßt, dann ist wahrlich nicht soviel Arbeit und Geld darin wie gerade in diesem Labyrinth. Gleichwohl ist auch der Tempel in Ephesus und auch der auf Samos ansehnlich. Nun sind zwar schon die Pyramiden gewaltiger als jede Beschreibung, und eine jede von ihnen wiegt viele gewaltige Werke der Griechen auf, aber das Labyrinth übertrifft noch die Pyramiden! Es hat nämlich zwölf überdachte Höfe mit einander gegenüberliegenden Toren; sechs sind gen Norden gelegen und sechs gegen Süden, dicht beieinander. Eine Mauer außen schließt diese ringsherum ein. Darinnen gibt es zwei Arten von Kammern, nämlich unterirdische und darüber oberirdische, dreitausend an der Zahl, ‹also› jeweils eintausendfünfhundert. Die oberirdischen Kammern habe ich gar selbst gesehen und bin durchgegangen und rede aus eigener Anschauung, von den unterirdischen hingegen habe ich reden hören. Denn die Aufseher der Ägypter wollten sie mir durchaus nicht zeigen, und sie erklärten, dort seien die Särge der Könige, die dieses Labyrinth von Anfang an erbaut hätten, und auch die der heiligen Krokodile. Also kann ich über die unteren Kammern nur sagen, was mir zu Ohren kam. Die oberen aber – diese habe ich selbst gesehen – sind gewaltiger als ‹alle› irdischen Werke. Die Ausgänge zwischen den Gemächern hindurch und die Windungen durch die Höfe sind außerordentlich kunstvoll verziert und bieten unzählige Wunder. Vom Hof aus gelangt man in die Kammern und von den Kammern in die Säulenhallen, dann wieder in andere Gemächer von den Säulenhallen und in andere Höfe von den Kammern aus. Die Decke ist vollkommen aus Stein ebenso wie die Wände. Und die Wände sind voll von eingemeißelten Bildern. Jeder Hof ist rings mit genauestens gefügtem weißem Stein umgeben. Und an der

Ecke gar am Ende des Labyrinthes erhebt sich eine Pyramide von vierzig Klaftern[1], in die gewaltige Figuren eingehauen sind. Ein Gang in sie hinein ist unterirdisch angelegt.

Wenn schon dieses Labyrinth so wunderbar ist, so bietet ein noch größeres Wunder der sogenannte Moiris-See, an dessen Ufer dieses Labyrinth erbaut ist. Sein Umfang beträgt dreitausendsechshundert Stadien[2], das sind sechzig Schoinen[3], und das entspricht der Meeresküste von Ägypten. Dieser große See erstreckt sich von Norden nach Süden und hat an seiner tiefsten Stelle eine Tiefe von fünfzig Klaftern. Daß er von Menschenhand gemacht und ausgegraben ist, das ist klar. Denn ungefähr in der Mitte des Sees stehen zwei Pyramiden, von denen jede aus dem Wasser fünfzig Klafter herausragt und ebenso tief in das Wasser hineingebaut wurde. Und neben beiden befindet sich eine steinerne Kolossalfigur, die auf einem Throne sitzt. Also sind die Pyramiden einhundert Klafter hoch; und diese einhundert Klafter machen gerade eine Rennbahn[4] von sechs Plethren aus, wobei ein Klafter sechs Fuß oder auch vier Ellen[5] mißt, während ein Fuß vier Handbreiten hat und die Elle sechs Handbreiten.

Das Wasser in dem See entspringt dort allerdings nicht, denn diese Gegend ist ja bekanntlich außerordentlich wasserarm. Vielmehr wird es aus dem Nil durch einen Kanal

[1] Ein Klafter = 1,77 m.
[2] Ein Stadion = 177 m.
[3] Eine Schoine = 60 Stadien.
[4] Die Rennbahn von Olympia und dann auch im übrigen Griechenland war gewöhnlich sechshundert griechische Fuß lang (ein Plethron = 100 Fuß = 29,6 m).
[5] Eine Elle = 0,44 m.

hergeführt. Sechs Monate lang fließt es in den See hinein und sechs Monate wieder heraus zurück in den Nil. Wenn es nun herausfließt, dann bringt es die sechs Monate lang dem königlichen Fiskus jeden Tag ein Talent an Silber aus der Fischerei, wenn aber das Wasser in ihn hineinfließt, zwanzig Minen[1].

Die Einheimischen berichten gar, daß dieser See unterirdisch in die libysche Syrte einmündet, nach Westen gerichtet in das Landesinnere hinein an dem Gebirge oberhalb von Memphis vorbei. Doch weil ich da nirgends die ausgehobene Erde sehen konnte, da fragte ich – denn das interessierte mich doch – die nahe am See Wohnenden, wo denn der ausgehobene Schutt sei. Sie berichteten mir, wohin er fortgeschafft worden war, und sie sagten es überzeugend. Denn ich hatte aus Berichten erfahren, daß auch in Ninos, der Stadt der Assyrer, soetwas geschehen ist. Die riesigen Schätze nämlich, die dem Sardanapallos, dem König von Ninos, gehörten und in unterirdischen Schatzkammern gehütet wurden, wollten Diebe hinausschaffen. So gruben die Diebe von ihrem eigenen Hause aus unter der Erde einen Gang, der ausgerichtet war auf den Königspalast. Den aus dem Tunnel herausgeholten Schutt kippten sie, sobald es Nacht geworden war, in den an Ninos vorbeifließenden Tigris, bis sie erreicht hatten, was sie wollten. Genauso ist es auch – wie ich höre – mit dem Tunnel des Sees in Ägypten gewesen, nur wurde er nicht des Nachts, sondern während des Tages angelegt. Den ausgehobenen Schutt schleppten die Ägypter in den Nil, der ihn mitnahm und verteilte. So also soll dieser See ausgegraben worden sein.«

[1] Eine Mine = 1/60 Talent.

König Rhampsinitos und der Meisterdieb

König Rhampsinitos und der Meisterdieb

Von ägyptischen Priestern ließ sich der Geschichtsschreiber Herodot das Märchen von dem König Rhampsinitos und dem Meisterdieb erzählen. Es handelt offenbar von dem Pharao Ramses II. (1290–1224 v. Chr.). Dessen vollständigerer Name Ramses-sa-Neith, den uns Herodot hier mit Rhampsinitos überliefert, heißt soviel wie »Ramses, der Sohn der Neith«. Möglicherweise ist diese Geschichte noch während der Regierungszeit Ramses II. entstanden.

Das Märchen war in Ägypten sicherlich weit verbreitet und offenbar so beliebt, daß es schnell über die Landesgrenzen hinaus Eingang in den Orient und Okzident fand. So finden wir es schon früh im indischen und chinesischen Raum ebenso wieder wie in der griechischen und lateinischen Literatur. Noch heute ist dieses Märchen im arabischen Sprachraum in abgewandelter Form im Umlauf, während es bei uns besonders seit Heinrich Heines Gedicht »Rhampsenit«, das am 15. Oktober 1851 als erstes Gedicht seiner Sammlung »Romanzero« erschien, in stärkerem Maße die Aufmerksamkeit eines breiteren Publikums auf sich lenkte.

Der Historiker Herodot nun ist es, der uns als erster das Märchen von König Rhampsinitos und dem Meisterdieb überliefert hat. Aus seinem 2. Buche der Historien übersetzen wir hier Auszüge aus Kapitel 99 und 100, danach folgt Kapitel 121 vollständig. Der Übersetzung liegt der griechische Text von J. Feix, Herodot Historien, 2. durchgesehene Auflage, München 1977, zugrunde.

»Alles das, was ich bisher erzählt habe, ist eigene Anschauung, eigenes Urteil oder eigene Nachforschung. Von nun an will ich von der ägyptischen Geschichte erzählen, wie ich sie gehört habe. Doch gibt es auch hierbei noch, was ich selber gesehen habe.

Menes, der erste König Ägyptens, habe – so sagen die Priester – Memphis durch Dämme gesichert. Auf diesen folgten dreihundertdreißig weitere Könige, deren Namen die Priester aus einem Buche vorlasen.

Nach Proteus übernahm Rhampsinitos die Königsherrschaft, wie man berichtet. Er hinterließ als Denkmal die Vorhalle, die westlich des Hephaistostempels steht. Gegenüber der Vorhalle errichtete er zwei Standbilder, die fünfundzwanzig Ellen hoch sind. Das gen Norden stehende nennen die Ägypter ›Sommer‹, das gen Süden ›Winter‹. Und während sie jenes ›Sommer‹ nennen und es verehren und Gutes tun, so verfahren sie mit dem ›Winter‹ genannten umgekehrt.

Dieser König war sehr reich an Geld. Keiner der später nachfolgenden Könige vermochte ihn darin zu übertreffen oder ihm auch nur nahe zu kommen. Er wollte nun seine Schätze an einem sicheren Ort verwahren und erbaute eine steinerne Kammer, deren eine Wand an die Außenseite des Palastes grenzte. Der Baumeister aber täuschte ihn, indem er folgendes aussann: Er fügte einen von den Steinen so, daß er leicht von ein oder zwei Männern aus der Wand herausgenommen werden konnte.

Sobald nun die Kammer fertiggestellt war, da verbarg der König die Schätze darin. Nachdem die Zeit dahingegangen und der Baumeister am Ende seines Lebens angelangt war, rief er seine Söhne – er hatte nämlich zwei – herbei. Er berichtete ihnen, wie er für jene gesorgt habe, was für ein üppiges Leben sie hätten, indem er bei der Erbauung des Schatzhauses des Königs eine List ersann. Genau erläuterte er ihnen alles über das Herauslösen des Steines und gab dessen Maße an. Er sagte, wenn sie dieses behielten, seien sie die Schatzmeister des Königs. Und danach starb er. Seine Söhne machten sich ohne viel Aufhebens eines Nachts auf zum Königspalast; und als sie den Stein in dem Gebäude gefunden hatten, hoben sie ihn mühelos heraus und nahmen viel von den Schätzen mit heraus.

Als nun der König zufällig die Kammer öffnete, sah er mit Verwunderung, daß in den Behältern vom Schatz fehlte, doch konnte er niemanden beschuldigen. Die Siegel nämlich waren heil, und das Gebäude war verschlossen. Nachdem er es nun zwei- oder dreimal geöffnet hatte und die Schätze offenbar immer weniger wurden – denn die Diebe hörten nicht auf zu stehlen –, da tat er folgendes: Er ordnete an, Fallen herzustellen und sie um die Behälter zu stellen, in denen die Schätze waren.

Als nun die Diebe wie in der vorangegangenen Zeit kamen und einer von ihnen einstieg, da blieb er sogleich in der Falle hängen, als er zu dem Behälter ging. Und als er erkannte, in welch übler Lage er war, rief er sogleich seinen Bruder, machte ihm den gegenwärtigen Zustand klar und befahl ihm, auf das schnellste hineinzusteigen und seinen Kopf abzuschlagen, damit er nicht gesehen noch erkannt werde und ‹so› auch den anderen mit umbringe. Ihm leuchtete ein, daß jener recht habe, und – nachdem er hiervon überzeugt war – tat er es. Und nachdem er den Stein wieder eingefügt hatte, ging er nach Hause und trug den Kopf des Bruders bei sich.

Als es Tag wurde, ging der König in das Gebäude hinein und erschrak, als er den Leichnam des Diebes ohne Kopf in der Falle erblickte. Das Gebäude aber war unbeschädigt und hatte überhaupt keinen weiteren Eingang noch Ausgang. Er war ratlos und tat folgendes: Den Leichnam des Diebes ließ er an der Stadtmauer aufhängen, stellte Wächter bei ihm auf und befahl ihnen, wenn sie jemanden sähen, der jammert und klagt, ihn zu packen und vor ihn zu bringen.

Als nun der Leichnam aufgehängt war, litt die Mutter schrecklich. Sie wandte sich an ihren überlebenden Sohn und beauftragte ihn, es auf irgendeine Art zu ermöglichen, den Leib des Bruders loszubinden und herzubringen. Wenn er das unterlasse, so drohte sie, wolle sie zum König gehen und Anzeige erstatten, daß er die Schätze besitze.

Weil die Mutter sich so heftig an den überlebenden Sohn wandte und er sie auch mit viel Zureden nicht besänftigen konnte, dachte er sich nun folgendes aus: Er rüstete Esel aus, füllte Schläuche mit Wein, lud sie auf die Esel und trieb sie dann los. Als er in der Nähe derer war, die den hängenden Leichnam bewachten, zog er an zwei oder drei Zipfeln der Schläuche und löste die Knoten. Als nun der Wein auslief, schlug er sich an den Kopf und schrie laut, als ob er nicht wüßte, welchem Esel er sich zuerst zuwenden sollte. Als aber die Wächter den vielen Wein auslaufen sahen, liefen sie mit Gefäßen zusammen an den Weg, fingen den auslaufenden Wein auf und taten sich gütlich daran. Er aber gab sich zornig und schimpfte heftig mit allen. Und die Wächter trösteten ihn, und nach einem Weilchen gab er sich, als sei er besänftigt und der Zorn verflogen. Schließlich trieb er die Esel von dem Weg hinunter und machte sie wieder zurecht.

Als man noch etliche Worte miteinander wechselte und man ihn gar bespöttelte oder auch zum Lachen brachte, da gab er ihnen noch einen Schlauch. Sogleich nach dem Empfang ließen sie sich zum Trinken nieder, nahmen auch jenen hinzu und forderten ihn auf, bei ihnen zu bleiben und zu trinken. Er ließ sich überreden und blieb auch. Als sie ihn nun beim Trinken freundlich willkommen hießen, gab er ihnen noch einen weiteren Schlauch. Von der Menge des Trinkens wurden die Wächter trunken, wurden vom Schlaf überwältigt und legten sich dort schlafen, wo sie gerade getrunken hatten. Er aber nahm, als die Nacht vorgerückt war, den Leib des Bruders ab und schor allen Wächtern zum Schimpf die rechte Wange kahl. Sobald er den Leichnam auf die Esel geladen hatte, zog er nach Hause und hatte den Auftrag der Mutter erfüllt.

Als dem König der Diebstahl der Leiche gemeldet wurde, empörte er sich. Auf jeden Fall wollte er, daß derjenige – wer auch immer er sei – ausfindig gemacht würde, der dieses fertiggebracht hat. Deshalb tat er – ich glaube es jedoch nicht – folgendes: Seine Tochter schickte er in ein Freudenhaus und trug ihr auf, sich jedem gleich hinzugeben. Doch vor dem Zusammensein solle sie jeden zwingen, ihr zu erzählen, was er in seinem Leben als das Verschlagenste und Verruchteste getan hat. Wenn dann einer das mit dem Dieb Geschehene berichtet, solle sie ihn ergreifen und ihn nicht weglaufen lassen.

Als nun das Mädchen den Befehl ihres Vaters ausführte, und als der Dieb erfuhr, weshalb dieses durchgeführt wurde, da wollte er noch listiger sein als der König und machte folgendes: Er schnitt der frischen Leiche den Arm an der Schulter ab und nahm ihn unter dem Mantel mit. Als er nun zu der Tochter des Königs kam und sie ihn darüber genauso fragte wie auch die anderen, erzählte er, die verruchteste Tat habe er begangen, als er seinem Bruder, der in der Schatzkammer des Königs in die Falle gelaufen war, den Kopf abgeschnitten hatte, die verschlagenste Tat aber, als er die Wächter trunken gemacht und die aufgehängte Leiche des Bruders abgenommen hatte. Als sie das aber hörte, faßte sie nach ihm. Der Dieb jedoch reichte ihr in der Dunkelheit den Arm des Toten hin. Und diesen ergriff sie und glaubte, den Arm jenes ‹Lebenden› festzuhalten. Der Dieb aber überließ ihn ihr und entfloh durch die Tür.

Als auch dieses dem König gemeldet wurde, war er erstaunt über die Klugheit und den Wagemut des Menschen. Endlich aber sandte er in alle Städte aus und ließ verkünden, er gewähre Straflosigkeit und verspreche ihm eine Menge, wenn er ihm vor Augen trete. Der Dieb vertraute ihm und ging zu ihm. Und Rhampsinitos bewunderte ihn sehr, und er verheiratete seine Tochter mit ihm, weil er der weiseste der Menschen sei; denn die Ägypter seien besser als die anderen Menschen, er aber ‹noch besser als› die Ägypter.«

Die Höllenfahrt
des Paulus

Die Höllenfahrt des Paulus

Die Höllenfahrt des Apostels Paulus zählt innerhalb der theologischen Literatur zu den neutestamentlichen Apokryphen, die zwar nach Luthers Worten nicht der Heiligen Schrift gleich gehalten, aber doch »nützlich und gut zu lesen« seien. Für die apokryphen Schriften gilt, daß sie schon sehr früh, teilweise sogar schon im 2./3. Jahrhundert, aus dem kirchlichen Gebrauch ausgeschieden wurden »und nun bei Gruppen, die als häretisch verurteilt waren, ein Sonderdasein« führten (W. Schneemelcher, Neutestamentliche Apokryphen, Tübingen 1959, Bd. 1, S. 1).

Die bisher von theologischer Seite unzureichend beachtete Höllenfahrt des Paulus ist uns auf zwölf Pergamentseiten einer einst umfangreichen Sammelhandschrift erhalten, von der jetzt insgesamt nur noch elf Blätter auf uns gekommen sind. Alle Blätter sind numeriert; der Text der Höllenfahrt steht auf den Seiten 115-126. Die Seiten vor S. 115 sind nicht erhalten. So bleibt der Anfang leider unbekannt. Auch nach S. 126 fehlen wieder Blätter, so daß uns der Ausgang der Höllenfahrt ebenfalls unklar bleibt. Die Handschrift scheint aufgrund der paläographischen Eigentümlichkeiten im 8. Jh. n. Chr. angefertigt worden zu sein. Der Text ist im sahidischen (oberägyptischen) Dialekt der koptischen Sprache verfaßt. Mit Beginn der Christianisierung verwendeten die zum neuen Glauben übergetretenen Ägypter nicht mehr die heidnischen Hieroglyphen für die Niederschrift ihrer Literatur, sondern sie übernahmen das Schriftsystem der Griechen und wandelten es geringfügig ab. Mit Koptisch bezeichnen wir somit die Schriftsprache der christlichen Ägypter.

Schon im Jahre 1810 hat Zoega die Höllenfahrt des Apostels Paulus veröffentlicht: G. Zoega, Catalogus codicum Copticorum manu scriptorum, qui in Museo Borgiano Velitris adservantur, Roma 1810, Nachdruck Hildesheim 1973, S. 230–235. Unsere Übersetzung folgt der Hildesheimer Ausgabe.

»Ein Schiffer ruderte den Apostel Paulus mit seinem Boot auf den See hinaus. Dort legte Paulus seinen Mantel ab, übergab ihn dem Schiffer und bat ihn, diesen dem Andreas zu überbringen. Dann sprang Paulus über Bord und verschwand in den Fluten. Der Schiffer hingegen fuhr mit dem Mantel an das Ufer zurück.

Sogleich landete der Schiffer, schaute auf und erblickte Andreas, um den sich die Menge versammelt hatte, wie es Paulus ihm gesagt hatte. Er trug dessen Mantel zum Ufer, um ihn ihm zu übergeben.

Die Mutter aber des Schiffers erblickte ihren Sohn, als er zum Ufer kam. Sie kam, um ihn zu begrüßen. Der Mantel des Paulus fiel ihr ins Auge. Sie blickte auf, und man pries Gott wegen dessen, was geschehen war. Andreas aber ging hinaus, dem Schiffer entgegen. Er sagte: ›Wo ist der Mann, der das Schiff mit dir bestiegen hat?‹ Der Schiffer sprach: ›Er sprang von uns weg in das Wasser und sagte dabei: ›Ich will gehen und die Orte der Unterwelt durchwandern, diejenigen, zu denen der Herr gegangen ist. Und ich will sehen, wie er sie gemacht hat.‹ Dieses aber, was er gesagt hatte, sagte er für dich: ›Ich bitte dich, vergiß mich nicht und komme mir entgegen, auf daß mich nicht behalten sollen die Unterirdischen der Unterwelt‹!‹

Da nahm Andreas den Mantel des Paulus dem Schiffer ab. Andreas sprach zu dem Schiffer: ›Gehe zu deinem Haus! Ich selbst werde noch ein wenig mit den Juden kämpfen.

Danach gehe ich dorthin, wo er[1] ist.‹ Der Schiffer erhob sich, ging zu seinem Haus, während er Gott pries und den Männern ihre Schiffsgeräte zurückgab.

Andreas selbst aber ging zu dem Eingang des Stadttores, und ihm und den Juden folgte eine Menge, die so zahlreich war, daß es dafür keine Zahl gab. Da rief ein Mann und sagte: ›Apostel Gottes, erbarme dich meiner Freudlosigkeit! Ich habe weder einen Vater noch eine Mutter; und mein einziger Sohn, der zwölf Jahre alt wird, hat sich eines Tages hingelegt und ist krank geworden. Nicht hat er gegessen und auch nicht getrunken, so daß wir ein Begräbnis vorbereitet haben, weil wir sagten: ›Er ist schon gestorben.‹ Doch jetzt, du Apostel Gottes, erbarme dich meines Unglücks und bemühe dich und komm in mein Haus und berühre ihn, und er wird genesen! Denn ich habe, ehe du in diese Stadt kamst, von den Wundern gehört, die du tust. Auch habe ich dich gesehen, wie du Dämonen austreibst.‹ Da sprach Andreas zu dem Manne: ›Laß uns in die Stadt gehen, und Jesus wird dich und deinen Sohn heilen.‹

Und sie brachen auf, um in die Stadt zu gehen. Die Juden hinderten sie und sagten: ›Wir werden dich nicht in unsere Stadt hineingehen lassen wegen des Namens Jesus, den du predigst. Aber wenn du ein paar kleine Heilungen tun willst, dann tue sie außerhalb der Stadt, bis du zwei Tage verbracht hast, und dann gehe. Um nicht zu sagen: Hineingehen in die Stadt werden wir dich nicht lassen, damit du nicht unser ganzes Volk irreführst in die Lehre jenes Verführers Jesus.‹

[1] Paulus.

Da sprach Andreas zu ihnen: ›In unserer Lehre haben wir keine Verführung! Ihr selbst seid es, die ihr euch verführt! Aber wenn ihr darauf besteht, daß wir nicht in die Stadt hineingehen, werden wir nicht hineingehen. Doch wenn es der Wille des Herrn ist, uns in sie hineinzuführen, wird er uns führen; eure Macht ist das nicht!‹ Und als er das gesagt hatte, drehte er sich um, weil er gehen wollte.

Der Vater des kleinen Jungen weinte zu ihm: ›Oh Apostel, erbarme dich meines Elends!‹ Andreas sprach zu ihm: ›Mache dich auf und gehe in die Stadt! Dein Sohn ist schon gestorben. Aber trage ihn nicht fort, um ihn zu begraben, bis zum morgigen Tageslicht, und wir kommen hinein und erwecken ihn dir; denn das (scil.: was wir jetzt vorhaben) ist ein Werk des Herrn. Danach wenden wir uns dir und auch der Stadt zu.‹ Und als er das gesagt hatte, ging er durch die Menge fort.

Sie wandten sich zur Stadt. Sie fanden den kleinen Jungen, der schon gestorben war, wie der Apostel ihnen gesagt hatte. Sie setzten sich hin und beweinten ihn nach der Gepflogenheit ihrer Stadt.

Andreas aber ging zum Meer. Er sprach zu dem Schiffer: ›Zeige mir den Ort, an dem Paulus sich in das Wasser gestürzt hat!‹ Sie bestiegen das Schiff; sie fuhren, bis sie ihn erreichten. Der Schiffer sagte zu ihm: ›Hier ist es!‹ Darauf füllte Andreas einen Becher mit süßem Wasser. Er betete über ihm in folgender Weise: ›Mein Herr Jesus, der du das Licht getrennt hast von der Finsternis, der du das Land getrennt hast, bis das Trockene erschien, in deinem Namen nun gieße ich diesen Becher süßen Wassers in das Meer, das voll ist von salzigem Wasser, auf daß es[1] sich zurückziehe und das Trockene erscheine und sich die Erde mit der Unterwelt spalte und mein Bruder Paulus heraufkomme.‹

Als er dieses gesagt hatte, goß er den Becher süßen Wassers in das Meer und sprach dabei: ›Ziehe dich zurück, du salziges und bitteres Wasser, vor dem süßen!‹ Als er dieses aber gesagt hatte, ist das Trockene erschienen, die Unterwelt gespalten und Paulus herausgesprungen aus dem Wasser, und ein kleiner Holzsplitter war in seiner Hand. Er sprang hinein zu Andreas, und er begrüßte ihn. Andreas sprach zu ihm: ›Woher kommst du, mein Bruder, oder an welchem Ort warst du?‹

Paulus sprach zu ihm: ›Verzeih mir, mein Bruder, ich war gegangen und habe die Orte der Unterwelt besucht, zu denen unser Herr gegangen ist. Ich habe sie angeschaut, wie sie sind.‹

Andreas sprach zu ihm: ›Du hast über das Maß gewagt! Selbst all wir großen Apostel, die wir mit dem Heiland wandelten, seit er auftrat, die er uns belehrte über alle Dinge – uns hat er zu Herren über jede Macht gemacht, und nicht einer von uns hat das zu tun gewagt, was du getan hast.‹

Paulus sprach zu ihm: ›Mir gelang es zu tun, mein Bruder. Verzeih mir! Aber höre, laß mich dir berichten:

Es geschah also, als ich in die Unterwelt kam, da sah ich die Aufenthaltsplätze aller Seelen. Ich sah den Apostel

[1] Das Meer.

Judas, der mit unserem Herrn wandelte, und er war in einer schweren, quälenden Strafe. Ich sagte zu ihm: ›Was machst du in dieser Strafe? Hat nicht der Herr dich hinaufgebracht mit all den Seelen, die er hinaufgebracht hat?‹

Judas sprach zu mir: ›Wehe mir mit einem doppelten Wehe und dem, was ich meinem Herrn angetan habe! Ich habe nämlich gegen ihn gesündigt, weil ich ihn den Juden verraten habe für verderbliches Silber. Denn ich wußte, daß er mein Herr war und der Herr der ganzen Erde. Ich kam, nahm mein Silber, gab es zurück an die Hohenpriester, und ich bat ihn: ›Mein Herr, vergib mir! Wirst du mich etwa verlassen wegen nur einer Tat, die ich begangen habe, daß ich dich verraten habe? Verlaß mich nicht! Willst du mir zusehen, wie ich in das Verderben gehe? Erinnere dich, mein Herr, daß ich dich gehört habe, wie du mit dem Apostel Petrus redetest, als er dich fragte: ›Wenn mein Bruder gegen mich sündigt, wie oft soll ich ihm vergeben? Bis zu siebenmal?‹ Du sprachst zu ihm: ›Nicht bis zu siebenmal, sondern bis zu siebenmal siebzigmal!‹ Ich selbst, der ich gegen dich gesündigt habe ein einziges Mal – willst du mir zusehen, wie ich in das Verderben gehe? Das kann nicht sein, mein Herr! Wer ist der Mann, der seinem Kind zuschaut, wie es in die Tiefe sinkt und es nicht rettet? Wenn ich aber gewagt habe, daß ich dich verriet, willst du mir zusehen, wie ich in das Verderben gehe? Das kann nicht sein, mein Herr!‹

Da schickte er mich in die Wüste und sprach zu mir: ›Fürchte niemanden außer Gott allein! Wenn du den Teufel kommen siehst, fürchte dich nicht vor ihm und auch nicht irgendjemanden außer Gott allein!‹

Ich ging also in das Wüstengebirge, um zu fasten, damit Gott mir vergebe. Zu mir kam der Fürst des Verderbens. Er erhob sein Haupt über mich, und sein Mund war dabei geöffnet, und er wollte mich verschlingen. Ich aber fürchtete mich. Ich betete ihn an: ›Du bist mein Herr!‹ Sogleich entfernte er sich von mir. Ich aber weinte, weil ich keine Vergebung hatte. Ich überlegte mir, was ich tun solle. Wäre der Herr hier gewesen, wäre ich hingegangen und hätte ihn angefleht. Aber man hatte ihn schon in den Gerichtssaal geführt, um ihn zu verurteilen. Ich sagte mir: ›Ich werde mich aufmachen und mich hängen!‹

Ich kam vor ihm in die Unterwelt. Er kam hierher hinab. Er nahm alle Seelen fort. Er verwüstete die Unterwelt bis auf meine Seele allein. Die Pförtner der Unterwelt weinten zum Teufel, und sie sagten: ›Was machst du, daß du dich rühmst und sagst: ›Ich bin der König, und es gibt keinen anderen außer mir!‹ Jetzt aber haben wir erkannt, daß du nicht der König bist, weil derjenige, der Herr über dir ist, gekommen ist und sie dir alle fortgenommen hat!‹

Da sprach der Teufel in Gegenwart all seiner Mächte: ›Oh, all ihr meine Mächte, glaubt ihr, es gäbe einen Stärkeren neben uns? Nein!‹

Aber als er[1] hierherkam, da gab es auch eine Seele, die er nicht fortnehmen konnte. Da rief Jesus den Michael, den er mit sich in die Unterwelt hinabgebracht hatte, und er sprach zu ihm: ›Bringe die Seele des Judas hinauf, damit nicht der Teufel einen Vorwand gegen mich finde!‹ Michael kam und brachte mich hinauf. Danach rief Michael: ›Schä-

[1] Jesus.

me dich, du schwacher Feind!‹ Danach sprach der Herr zu Michael: ›Bringe die Seele zurück in die Hölle der Unterwelt!‹

Judas weinte: ›Willst du gehen und mich in dieser Strafe zurücklassen? Ich habe meine Seele selbst aus dem Leibe herausgebracht, denn ich weiß, du gehst in die Unterwelt und nimmst all diese Seelen mit, damit du auch meine eigene mitnimmst.‹

Da antwortete Jesus und sprach zu Judas: ›Du Unglücklicher! Was hast du nun getan, als du dich niederwarfst und den Teufel anbetetest?‹ Judas sprach zu ihm: ›Herr, er kam über mich in der Gestalt eines Drachens mit geöffnetem Mund, und er wollte mich verschlingen. Ich fürchtete mich, und ich betete ihn an.‹

Da sprach Jesus zu ihm: ›Oh, du Unglücklicher! Wenn du in dem Augenblick, als er zu dir kam, gesagt hättest ›Jesus, rette mich!‹, dann wärest du gerettet worden! Aber du hast den anderen Dienst getan, und du hast etwas getan, was Gott haßt, und damit hast du dich selbst getötet. Deshalb wirst du in der Hölle bleiben bis zu dem Tage des Gerichts, an dem der Herr dich richten wird!‹ So bin ich (Judas) hier seit jenem Tage.‹

Als aber ich, Paulus, dieses von Judas hörte, wurde ich sehr traurig in meinem Herzen wegen der Leiden, die ich sah, weil Judas in ihnen war.

Höre zu, und ich erzähle dir[1]: Ich sah Straßen in der

[1] Paulus berichtet dem Andreas.

Unterwelt, die leer waren und auf denen niemand war, mit sämtlichen Pforten, die der Herr zertrümmerte und sie in viele Stücke zerbrach. Siehst du, oh mein Bruder Andreas, dieses kleine Holzstück in meiner Hand, das ich mit mir heraufgebracht habe? Das ist ein Türsturz von all den Pforten der Unterwelt, die der Herr zertrümmert hat.

Auch sah ich noch einen großen Ort an einer Seite der Unterwelt, der schön war. Ich fragte: ›Was ist das?‹Man sagte, das sei der Ort der Seele des Abraham und Isaak und Jakob und aller Propheten.

Ich hörte eine Menge, die schrie und heulte an anderen Orten, aber ich sah sie nicht. Ich fragte: ›Was für Orte sind das?‹ Man belehrte mich: ›Das sind Orte, die der Herr nicht besucht hat, als er in die Unterwelt hinabkam, und zwar der Ort des Heulens und des Zähneklapperns, wo die Mörder sind und die Giftmischer und die Leute, die kleine Kinder ins Wasser werfen.‹

Als er das erzählt hatte, landete das Schiff am Ufer. Andreas sagte: ›Bis hierher die Geschichte. Aber laß uns ‹nun› das Schiff dort anbinden, wo du es gefunden hast, und schnell in die Stadt gehen. Ein großer Kampf steht uns nämlich bevor, und der Name Jesu wird verherrlicht werden in dieser Stadt. Denn die Juden haben einen großen Kampf für uns vorbereitet.‹

Als sie das Schiff am Ufer festgemacht hatten, machte sich Andreas mit Paulus und dem Schiffer Apollonius auf. Sie eilten zum Stadttor. Sie schickten sich an, hineinzugehen. Die Juden hatten das Tor stark befestigt, damit die Apostel nicht in die Stadt gelangen konnten. Andreas aber beeilte sich, rief in die Stadt hinein und sagte zu ihnen: ›Öffnet uns, auf daß wir den Verstorbenen besuchen! Denn wir haben seinem Vater versprochen: ›Wir werden kommen und ihn dir auferwecken‹!‹

Da antworteten die Juden, und sie sagten: ›Oh, Andreas, willst du ‹uns› überreden, daß ‹wir› unser Blut in dieser Stadt vergießen ‹nur› deinetwegen? Geht doch zu den Heiden und verführt sie und bleibt bei ihnen! Denn wir werden euch nicht diese Stadt bekehren lassen, damit ihr nicht die klugen Leute irreführt.‹

Als sie aber redeten, blickte Andreas auf. Er sah einen Vogel, den man den Wahren nennt; er scharrte unterhalb einer Mauer. Andreas sprach zu ihm: ›Ich sage dir, du gerechter Vogel: ›Komm, geh in die Stadt, in das Haus, in dem der kleine Junge starb! Du wirst eine Menge finden, die um ihn versammelt ist. Sage ihnen: ›Das ist es, was Andreas und Paulus, die Diener Gottes, sagen: ›Geht hinaus, öffnet uns das Stadttor, und wir kommen hinein und erwecken den Toten. Denn sie haben das Stadttor verschlossen; nicht lassen sie uns hineingehen.‹

Der Vogel machte sich auf, kam in die Mitte der Menge und sprach die Worte, die Andreas gesagt hatte. Als aber die Menge dieses von dem Vogel hörte, erhob sie sich sogleich. Schnell hoben sie Steine auf, um auf die Juden zu werfen. Sie begegneten dem Statthalter, als er zum Gericht ging. Er fragte: ›Was ist geschehen?‹ Sie aber sagten: ›Männer sind am Eingang des Stadttores, die Macht ausüben durch einen Namen, nämlich Jesus, so daß die Blinden sehen und die Lahmen gehen, und die die Dämonen austreiben. Sie sagten uns und sprachen: ›Die Juden versperren das Stadttor! Nicht lassen sie uns hinein, daß wir den Toten auferwecken.‹Wir haben uns aufgemacht und sind gegangen, um sie zu steinigen und sie zu töten und die Leute hereinzuholen.‹

Als aber der Statthalter dieses gehört hatte, sprach er zu der Menge: ›Nicht soll es Kampf geben! Ich bin es, der sie hereinholen wird!‹ Da wandte sich der Statthalter um mit seiner Gefolgschaft und mit der Menge zum Toreingang. Sie sahen die Juden, wie sie am Stadttor dastanden. Er sprach zu ihnen: ›Weshalb versperrt ihr das Tor und laßt keinen Menschen in die Stadt hineingehen?‹

Sie aber sagten: ›Der König des Statthalters lebe ewiglich! Wir versperren das Tor nicht aus übler Tat, sondern zwei Magiere sind da, die hereinkommen und das Gesetz unserer Stadt umkehren wollen. Weil sie in jeder Stadt, in die sie gehen, das Herz ihrer Menschen mit ihrer Magie umkehren, deshalb lassen wir sie nicht hineingehen, auch wenn sie sagen: ›Wir sind die Jünger eines lebendigen Gottes. Warum öffnet ihnen nicht ihr Gott das Tor?‹

Da rief der Statthalter ihnen[1] zu und sagte zu ihnen: ›Wenn ihr einen lebendigen Gott habt, dann öffnet euch selbst!‹ Andreas aber sprach zu Paulus: ›Was willst du, daß wir tun, damit sich uns der Toreingang öffne?‹

Da wurde Paulus vom heiligen Geist erfüllt und sprach zu Andreas hin: ›Mein Vater, befiehl mir, und ich will die Macht ausüben, die auf mich gekommen ist.‹ Andreas sagte: ›Das, was du willst, sollst du tun!‹

[1] Den Aposteln rief er zu.

Da nahm Paulus den Holzsplitter, der in seiner Hand war und den er von der Unterwelt heraufgebracht hatte. Er lief auf das Tor zu, schlug mit dem Holzsplitter dagegen und sagte: ›In der Macht meines Herrn Jesus Christus, der die Tore der Unterwelt hat zerkleinern lassen: Du sollst das Tor dieses Einganges zerbrechen, damit die Juden wissen, daß nichts vor dir unmöglich ist!‹ Als er dieses aber gesagt hatte, schlug er dreimal gegen das Tor. Das Eingangstor ging zu Boden und die Erde verschlang es, und nicht fand man die Stelle, wohin es gegangen war.

Die Menge kam. Sie warf sich nieder zu Füßen der Apostel und bat sie: ›Kommt herein in die Stadt!‹ Da sag[ten] die Apostel . . .«

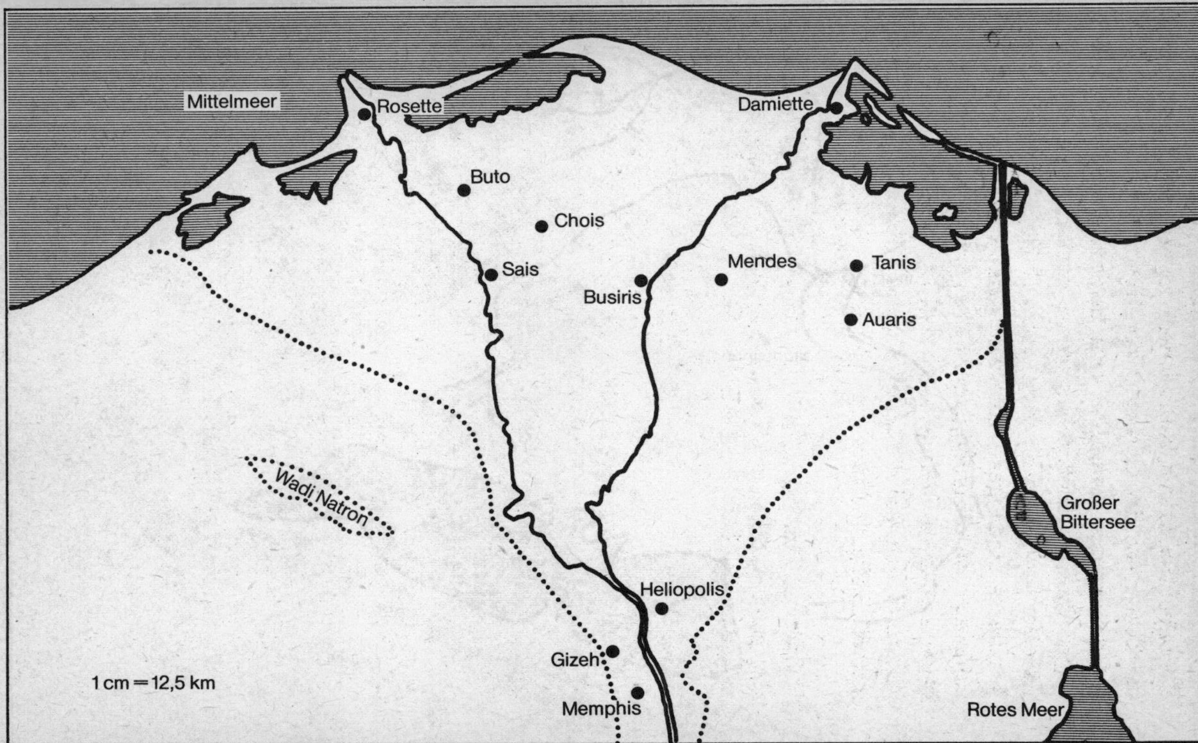
Mittelmeer
Rosette
Damiette
Buto
Chois
Sais
Busiris
Mendes
Tanis
Auaris
Wadi Natron
Heliopolis
Gizeh
Memphis
Großer
Bittersee
Rotes Meer
1 cm = 12,5 km

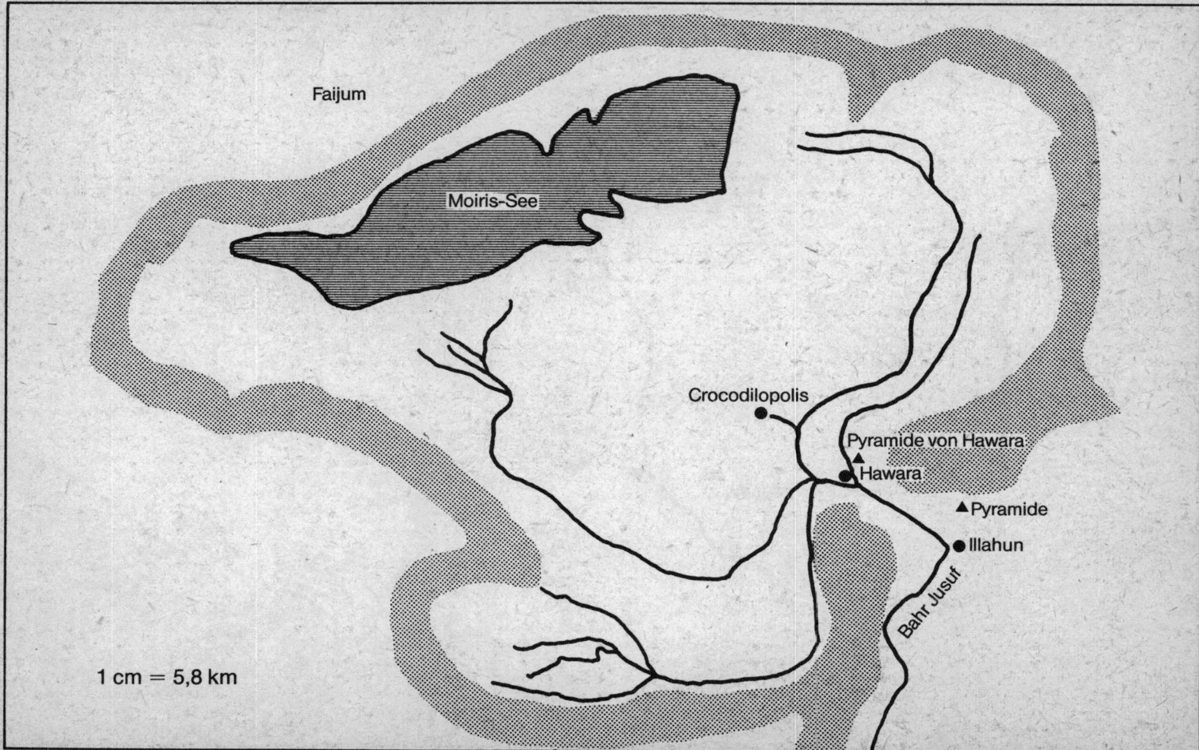
Faijum
Moiris-See
Crocodilopolis
Pyramide von Hawara
Hawara
Pyramide
Illahun
Bahr Jusuf
1 cm = 5,8 km

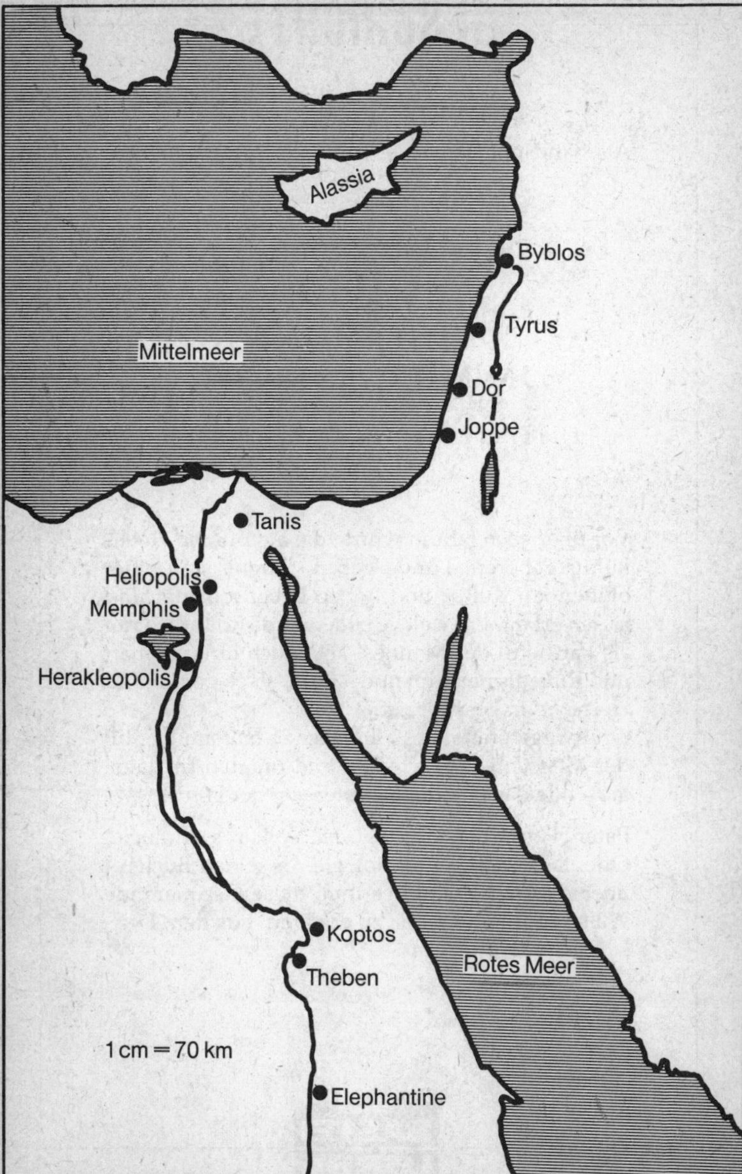
Alassia
Byblos
Tyrus
Mittelmeer
Dor
Joppe
Tanis
Heliopolis
Memphis
Herakleopolis
Koptos
Theben
Rotes Meer
1 cm = 70 km
Elephantine

GESCHICHTE

Als Band mit der Bestellnummer 64 066 erschien:

Peter H. Schulze

DIE SCHÖNE IM MORGENLICHT

Die Frau in der ägyptischen Frühzeit

Vor über 5000 Jahren wurde die ägyptische Hochkultur geboren. Funde geben Zeugnis von einer blühenden Kultur und hohen Lebensqualität und lassen erkennen, welche bedeutende Rolle die Frau als Partnerin des Mannes, aber auch in Wirtschaft und Kult, als Beamtin und Ärztin, als Regentin und Herrscherin gespielt hat.
Großartige Frauengestalten stehen hier am Beginn der Menschheitsgeschichte und prägten für Jahrtausende das Bild der Ägypter von der Frau.

Peter H. Schulze studierte Völkerpsychologie, Orientalistik und Ägyptologie. In seinen Büchern über Ägypten gelingt es ihm, diese faszinierende Welt von innen heraus zu erklären, aus dem Denken der alten Ägypter.